*Dimensionen des Fremden
in der
fantastischen Literatur*

E.T.A. Hoffmann, Edgar Allan Poe
und Guy de Maupassant

von

Myriam Noemi Bastian

Tectum Verlag
Marburg 2005

Bastian, Myriam Noemi:
Dimensionen des Fremden
in der fantastischen Literatur.
E.T.A. Hoffmann, Edgar Allan Poe
und Guy de Maupassant.
/ von Myriam Noemi Bastian
Coverabbildungen: Johann Heinrich Füssli -
Die Elfenkönigin Titania und Zettel, der Weber mit Eselskopf.
Die wahnsinnige Kate.
- Marburg : Tectum Verlag, 2005
ISBN 3-8288-8874-7

© Tectum Verlag

Tectum Verlag
Marburg 2005

EINLEITUNG	5
1. VORBEMERKUNGEN	9
1.1. Definition	9
1.1.1. Was ist das Fantastische?	9
1.1.2. Was ist das Fremde?	12
1.2. Vorstellung der Texte	14
1.2.1. Friedrich von Schiller (1759-1805):„Der Geisterseher"	14
1.2.2. Werke	19
2. DIE ZEITLICHE FREMDHEIT	27
2.1. Fremde Zeit	27
2.1.1. Zeitliche Fremdheit in Schillers „Der Geisterseher"	27
2.2. Wissenschaftlich-Mentale Dimension	29
2.2.1. Das Alte	29
2.2.2. Das Neue	40
2.3. Gesellschaftliche Dimension	57
2.3.1. Adel in der fantastischen Literatur	57
3. DIE PERSÖNLICHE DIMENSION	67
3.1. Fremdes Ich	67
3.1.1. Ich-Fremdheit in Friedrich Schillers „Geisterseher"	69
3.1.2. Wandel	70
3.1.3. Vergänglichkeit	73
3.1.4. Fremdbeherrschung	76
3.1.5. Doppelgänger	77
3.1.6. Funktion und Motivation	81
3.2. Fremdes Du	82
3.2.1. Fremdes Du in Schillers „Der Geisterseher"	83
3.2.2. Kulturelle Fremdheit	84
3.2.3. Macht	85
3.2.4. Widersprüchlichkeit	89
3.2.5. Ichbedingtheit	91
3.2.6. Fragmentarischer Charakter	94
3.2.7 Motivation und Funktion	96

4. FREMDES LEBEN – FREMDE KUNST 99

4.1. Thematischer Aspekt 100
    4.1.1. Schillers „Der Geisterseher" 100
    4.1.2. Intertextualität 102
    4.1.3. Intermedialität 103
    4.1.4. Motivation und Funktion 105

4.2. Struktureller Aspekt 106
    4.2.1. Schillers Geisterseher 107
    4.2.2. Die Einzeltexte 111

SCHLUSS 121

ANHANG 123

Einleitung

Jahrelange Bettlektüre, vornehmlich fantastischer Erzählungen, vom Johann August Apels und Friedrich Launs „Gespensterbuch"[1] über unheimliche Seegeschichten William Hope Hodgson[2], bis hin zu Sammelwerken mit bezeichnenden Titeln wie „Das Schöne Grauen"[3], „Schlimme Hexengeschichten"[4] oder „Zum Teufel"[5], hat mir nicht immer die ersehnte Nachtruhe verschafft, wohl aber den Wunsch in mir reifen lassen, mich einmal wissenschaftlich mit diesem Thema auseinanderzusetzen. Dass es sich bei solchen Werken keineswegs, zumindest nicht immer, um ‚Schund' handelte, wurde mir nicht erst durch die Sichtung einer beachtlichen Menge an Forschungsarbeiten zum Thema deutlich, deren häufig anzutreffender Topos von der Fantastik als literarischem Stiefkind allein ihr Umfang Lügen straft.[6]

Die ungebrochene Beliebtheit fantastischer Literatur hat sicherlich vieles ihrem Spielcharakter zu verdanken, der sich im Einbruch des Übernatürlichen in eine ganz realistische Alltagswelt in einem So-tun-als-ob ausdrückt. Spannung, Schauer und Angst bei Held wie Leser werden von etwas Unbekanntem, dem Fremdem ausgelöst, meist in Form des Übernatürlichen. Die Normalität, das Vertraute, steht nun diesem Unbekannten gegenüber. Am leichtesten ersichtlich wird diese Überlegung sicherlich in einer kulturellen Fremdheit, wie sie sich etwa in John Polidoris Vampirgeschichte niederschlägt. Der Vampir als Exponent des übernatürlichen Geschehens kann seine Kraft erst vollends im exotischen Griechenland ausleben. Bram Stokers allgemein geachteter Notar Jonathan Harker reist ins unbekannte Siebenbürgen und verschafft damit dem Grafen Dracula Zugang zur Londoner Gesellschaft.

---

[1] Apel, J.A., Laun, F: „Gespensterbuch". Insel, Frankfurt a. M. und Leipzig, 1992.
[2] Hodgson, William Hope: „Stimme in der Nacht. Unheimliche Seegeschichten". Suhrkamp, Frankfurt a. M., 1997.
[3] Schneider, Rolf (Hg.): „Das Schöne Grauen". Hermann Schaffstein Verlag, Dortmund, 1978.
[4] Rottensteiner, Franz (Hg.): „Schlimme Hexengeschichten". Insel, Frankfurt a. M. und Leipzig, 1992.
[5] Rottensteiner, Franz (Hg.):"Zum Teufel". Insel, Frankfurt a. M. und Leipzig, 1995.
[6] Brittmacher, Hans Richard: „Die Ästhetik des Horrors." Suhrkamp, Frankfurt a. M, 1994, S.11.

Die weitere Lektüre hat mir jedoch klar gemacht, dass das Fremde, wie es sich in der fantastischen Literatur zeigt, keineswegs ortsgebunden ist, und schon gar nicht in die Ferne schweifen muss. Vielmehr lernte ich eine Vielzahl seiner Gesichter kennen, etwa in einer zeitlichen Dimension; die Vergangenheit kann genauso bedrohlich sein, wie Zukunft und Gegenwart. Was geschieht, wenn an der vehement widerlegten, doch zeitweise völlig unbestrittenen, Möglichkeit einer Verhexung nun doch etwas dran ist? Was geschieht, wenn wir durch moderne Techniken der Psychologie unseres freien Willens beraubt werden, ohne die Quelle identifizieren können? Dass wir uns selbst Fremde sein können, hat nicht erst Julia Kristeva[7] festgestellt. Was geschieht also, wenn uns eines Morgens ein blanker Spiegel entgegenschaut?

Antworten auf solche Fragen bietet uns die Fantastik. Ihren Spielcharakter trägt sie jedoch nicht nur thematisch zur Schau, sondern auch in der Art wie sie geschrieben ist. Das Fantastische ist damit auch eine Technik.

Das Fantastische ist Ausdruck eines Dazwischen, zwischen verschiedenen, einander widersprechenden Erklärungen, oder zwischen Zeitenwechseln, kurz: eines Wandels. Da nun nichts beständiger ist, als eben jener, wird man auch noch in Zukunft mit einer ungebrochenen Konjunktur fantastischer Werke rechnen können.

Vor diesem Hintergrund mag meine Wahl von Texten aus dem neunzehnten Jahrhundert willkürlich erscheinen, doch bin ich der Meinung, dass gerade jene Epoche in besonderem Maße von einem Wandel gezeichnet war, der wegen seiner relativen Nähe zum Jetzt gerade noch nachvollziehbar scheint. Besonders wichtige, nachhaltige Weichen für unsere Zeit wurden gestellt geistesgeschichtlich in der Konzentration auf das Individuum als autonomer Kraft, und wissenschaftlich in der endgültigen Etablierung von Positivismus und Scientizismus.

Die Beispiele erscheinen mir repräsentativ: Friedrich Schiller hat mit seinem Fragment „Der Geisterseher" den Grundstein gelegt für die Fantastik wie wir sie heute kennen. Trotz epochaler und kultureller Unterschiede wird sich herausstellen, dass die Autoren E.T.A. Hoffmann, am Jahrhundertanfang, der

---

[7] Kristeva, Julia: „Fremde sind wir uns selbst". Suhrkamp, Frankfurt a. M., 1990.

Amerikaner Edgar Allan Poe, in der Jahrhundertmitte und, der Franzose Guy de Maupassant, an der Schwelle zum zwanzigsten Jahrhundert, erstaunliche Parallelen und Kontinuitäten in ihren Werken gewahrt haben. Diese Autoren haben nicht nur ihr Jahrhundert in fantastischer Hinsicht geprägt, durch die Problematisierung des Ich haben sie den psychologischen Roman vorweg genommen, in ihrer Selbstreflexivität gar die Postmoderne.

Ich werde nun zunächst die Begriffe von Fantastik und dem Fremden klären, die zu untersuchenden Texte kurz präsentieren. Anschließend möchte ich die Werke untersuchen in Bezug auf Fremdheit, die sich ausdrückt in einer zeitlichen Dimension, einer persönlichen und letztlich einer künstlerischen. Dabei werde ich nach der Funktion einzelner sich herauskristallisierender Aspekte fragen und danach, was die Autoren dazu bewogen hat, gerade diese Aspekte in der jeweils von ihnen gewählten Funktion darzustellen.

Wenn ich mit meiner Arbeit dafür sensibilisieren kann, dass Fantastik keineswegs den realitätsfernen Eskapismen einiger Dichter entspringt, sondern sich klar auf in ihrer Entstehungszeit relevante Diskurse bezieht, ist mein Ziel erreicht.

1. Vorbemerkungen

1.1. Definition

1.1.1. Was ist das Fantastische?

Die Definitionen des Fantastischen sind ebenso zahlreich wie die Werke, die sich mit der Thematik befassen. Als Hauptbedingung wird der Zusammenprall zweier Ebenen festgehalten: Nach Dieter Penning ergibt „Fantastik ... sich aus dem Zusammenstoß zweier Ordnungen, einer empirischen und einer spirituellen, die vom Standpunkt des rationalen Lesers als unvereinbar gelten."[8] Auch Pierre-Georges Castex geht davon aus, dass sie sich charakterisiere „...par un intrusion brutale du mystère dans le cadre de la vie réelle...".[9]

Zwei besonders markante Definitionen haben Tzvetan Todorov und die Amerikanerin Muriel Stiffler aufgestellt. Das Modell Todorovs wird kontrovers diskutiert. Obgleich die Amerikanerin sich explizit auf die deutsche Gespenstergeschichte bezieht, möchte ich ihre Theoreme nun nahezu uneingeschränkt auf die fantastische Literatur an sich übertragen, eventuelle Lücken mit Ansätzen weiterer Autoren schließen.

In Ablehnung älterer Fantastikmodelle, die sich lediglich auf den Einbruch des Übernatürlichen in eine realistisch gezeichnete Alltagswelt konzentrieren, versteht Todorov eine nicht aufgelöste Spannung zwischen natürlicher und übernatürlicher Erklärung des Geschehens als wesentliches Element fantastischer Literatur. Seiner Meinung nach liegt „das Phantastische [erstens]...im Moment der...Unschlüssigkeit, die ein Mensch empfindet, der nur die natürlichen Gesetze kennt und sich einem Ereignis gegenüber sieht, das den Anschein des Übernatürlichen hat."[10] Zweitens müssen Leser und idealerweise auch die handelnde Person eine solche Unschlüssigkeit empfinden.

---

[8] Penning, Dieter: „Der Begriff der Überwirklichkeit. Nerval, Maupassant, Breton." in: Thomsen, Christian W.; Fischer, Jens Malte (Hg.): „Phantastik in Literatur und Kunst". Wissenschaftliche Buchgesellschaft, Darmstadt, 1980. S. 201
[9] Castex, Pierre-George: „Le Conte Fantastique en France de Nodier á Maupassant". Corti, Paris, 1951. S. 8
Übersetzung:...durch ein brutales Eindringen des Geheimnisvollen in den Bereich des realen Lebens...
[10] Todorov, Tzvetan: „Einführung in die fantastische Literatur". Hanser, München, 1972. S. 26

Drittens darf ein fantastischer Text nicht als Allegorie verstanden werden.[11]

Wichtige Rollen übernehmen dabei der verbale Aspekt eines Werkes, der sich in nicht eindeutigen, die Aussage abschwächenden Ausdrücken, wie „es schien" oder ähnlichen niederschlägt[12], aber auch ein syntaktischer Aspekt, also die Art wie die einzelnen Textteile miteinander in Verbindung stehen.[13] Inhaltliche Schwerpunkte als semantischen Aspekt sieht Todorov in den Ich- und Du-Themen; die Ich-Themen entzünden sich an der Verwischung der Grenze zwischen Geist und Materie und beschäftigen sich hauptsächlich mit den Diskrepanzen zwischen Wahrnehmung und Bewusstsein, sowie zwischen Individuum und Welt; die Du-Themen hingegen beziehen sich auf Sexualität, Begierde und Gewalt, die Beziehung des einzelnen zu seinen sexuellen Wünschen und seinem Unbewussten.[14]

Die Enge der Todorov'schen Definition stößt auf breite Ablehnung, nur wenige Werke, vor allem Guy de Maupassants, entsprechen seiner Idee. Dabei liefert er wichtige Denkansätze, so auch in der Abgrenzung seiner Meinung nach fantastikähnlicher Texte von solchen, die seiner Auffassung vom reinen Fantastischen entsprechen. Ich verstehe diese Unterteilung eher als Anstoß für eine weitere Klassifizierung der Fantastik in Subkategorien wie etwa das „Unheimliche" oder das „Wunderbare".

Eine noch weitaus wertvollere, und vor allem leichter nachvollziehbare, Definition des Fantastischen scheint mir Muriel Stiffler in ihrer Untersuchung der deutschen Gespenstergeschichte zu geben.[15] Demnach konstituieren sechs Punkte einen fantastischen Text: Erstens steht das Übernatürliche im Fokus der Handlung, schafft Atmosphäre und transzendiert die Alltagswelt. Zweitens weist sich, genau wie in Todorovs Modell, eine Erzählung als eine fantastische aus durch die Korrespondenz ihrer Einzelteile, etwa durch die Einstreuung von Binnenerzählungen oder die Umklammerung durch einen erzählerischen Rahmen. Eine solche Struktur kreiert nun die von Todo-

---

[11] ebd, S. 33
[12] ebd, S. 21
[13] ebd, S. 21
[14] ebd, S. 125
[15] Stiffler, Muriel W.:"The German Ghost Story as a Genre". Peter Lang Publishing, New York, 1993. 14f

rov geforderte Unschlüssigkeit und Pandeterminismus. Da der Schwerpunkt auf dem existentiellen Konflikt der Protagonisten liegt, bescheinigt Stiffler den Figuren eine eher schemenhafte Zeichnung, eine Meinung, die ich nicht teilen kann, gehe ich doch davon aus, dass die Protagonisten häufig gerade einen profunden Wandel ihrer Persönlichkeit erleben. Drittens stellt sie die Einbettung der Ereignisse in einem realistischen Rahmen heraus, der durch ein ganzes Arsenal narrativer Beglaubigungsstrategien intensiviert werden kann, wodurch sich die Unerhörtheit des übernatürlichen Geschehens amplifiziert.[16] Idealerweise zeichnet sich der fantastische Text viertens durch eine gewisse Kürze aus, die dem Spannungserhalt dient. Diese Auffassung teilt die Amerikanerin mit dem deutschen Fantastikforscher Winfried Freund: „Sowohl der…innovative Charakter als auch die Ereignisstruktur prädestinierten die Novelle…für Phantastisches…".[17] Als fünften das Fantastische konstituierenden Punkt betont sie einen „sense of incompletenes"[18], also einen fragmentarischen Charakter, und berührt damit, was Deborah A. Harter ihrerseits als Hauptmerkmal des Fantastischen definiert: „Fantastic narrative…evokes this world in all ist partialness. It lingers with and promotes the fragment rather than seeking the whole; it puts forth partially named or unnamed charachters rather than characters with full names; it is best realized in the form of the short tale rather than in the form of the novel…"[19] Sechstens verweist Stiffler auf die sprachlichen Besonderheiten fantastischer Texte, eine Bedingung, deren Wichtigkeit auch Todorov betont.

Bei den vorgestellten Definitionen vermisse ich eine Miteinbeziehung des jeweiligen historischen Kontextes, wie Winfried

---

[16] Vgl: Wilpert, Gero von: „Die Deutsche Gespenstergeschichte. Motiv-Form-Entwicklung". Körner, Stuttgart, 1994. 40
[17] Freund, Winfried: „Literarische Phantastik. Die phantastische Novelle von Tieck bis Storm." Kohlhammer, Stuttgart, 1990. 12
[18] Stiffler, 15. Übersetzung: eine gewisse Unvollständigkeit
[19] Harter, Deborah A: "Bodies in Pieces . Fantastic Narrative and the Poetics of the Fragment." Stanford University Press, Stanford, 1996. 2
Übersetzung: Fantastisches Erzählen beschwört diese Welt in all ihrer Aufgeteiltheit herauf. Eher verweilt es beim Fragment, leistet ihm Vorschub, als dass es das Vollendete sucht; eher bietet es Charaktere auf, die nur teilweise oder gar nicht benannt sind, als solche mit vollem Namen; es zeigt sich besser in der kurzen Erzählung als im Roman.

Freund und Lorenz Freiherr von Stackelberg[20] es vorschlagen. Während Stackelberg sich eher auf den wissenschaftlichen-mentalen Hintergrund konzentriert, etwa auf den zeitgenössischen Gespensterglauben oder die Hoffnung, das vermeintlich Übernatürliche mit Hilfe des sich etablierenden Mesmerismus erklären zu können, begreift Freund das Fantastische als „Ausdruck und Medium einer Zeiten- und Orientierungswende."[21] Er betrachtet wirtschaftlichen und politischen Kontext als unabdingbar zur Entstehung von Fantastik. Seiner Meinung nach wirft sie „…Licht auf…das Bewusstsein einer Epoche zwischen revolutionärer sowie liberal demokratischer Aufbruchstimmung und tiefster Resignation, zwischen der traditionell geschlossenen Gesellschaftsordnung und dem liberal bürgerlichen Kapitalismus, zwischen der alten Welt, die unweigerlich zu Ende geht, und der modernen, die unaufhaltsam vorwärts drängt, begleitet von Orientierungsunsicherheiten und Existenzängsten…"[22]

In Anlehnung an die oben vorgestellten Modelle betrachte ich fünf Elemente als konstitutiv für die literarische Fantastik: Erstens die Dominanz des Übernatürlichen in einer durchaus realistisch gezeichneten Welt. Zweitens die literarische Verarbeitung realistischer, gesellschaftlich virulenter Probleme, die bedrohlich dargestellt und ins Übernatürliche verfremdet werden. Neben diesen thematischen Schwerpunkten, die ich hauptsächlich berücksichtigen möchte, sind auch strukturelle Aspekte konstitutiv, wie etwa drittens eine charakteristische fantastische Korrespondenz zwischen Gesamttext und Textteilen, viertens ein fragmentarischen Charakter, sowie fünftens der Einsatz von Beglaubigungsstrategien, um die Unerhörtheit des Geschehens zu unterstreichen.

1.1.2. Was ist das Fremde?
In der folgenden Untersuchung gehe ich von einem sehr konkreten, alltäglichen Fremdheitsbegriff aus, der einfach das Gegenteil des Bekannten, Vertrauten bezeichnet.

---

[20] Stackelberg, Lorenz Freiherr von: „Die Deutsche Gespenstergeschichte in der Zeit der Spätaufklärung und der Romantik. (1787-1820)". Dissertation der Universität München, München, 1982.
[21] Freund, 8
[22] ebd, 13

Am deutlichsten ließe er sich sicherlich anhand einer kulturellen Fremdheitsdimension erklären: Häufig gerät der Protagonist eines fantastischen Textes im Ausland bzw. durch ihm kulturell fremde Personen mit dem Übernatürlichen in Konflikt. Dies ist etwa in Bram Stokers Werk „Dracula" der Fall. Aber auch das Bekannte kann durch Modifikation bzw. durch eine andere Wahrnehmung zum Fremden werden, wobei auf Sigmund Freuds Begriff des Unheimlichen hingewiesen sei.[23]

Ein Hauptwesensmerkmal fantastischer Literatur ist die Begegnung des Protagonisten mit einer ihm völlig unbekannten, unerklärlichen Situation, also dem Fremden. Steht diese Situation nun nicht direkt im Zusammenhang mit dem Übernatürlichen, so wird es zumindest als Auslöser vermutet. Das Fantastische konstituiert sich folglich vor allem aus einem Aufeinanderprallen einer vertrauten Ebene mit einer fremden. Diese fremde Ebene kann verschiedene Gesichter tragen, von denen ich eine zeitliche, eine persönliche und eine künstlerische Dimension herausgegriffen habe.

In Anlehnung an Winfried Freund, der die Fantastik als „Ausdruck und Medium einer Zeiten- und Orientierungswende"[24] betrachtet, tritt in der zeitlichen Dimension von Fremdheit eine Spannung zwischen Gegenwart und Vergangenheit auf. Sie schlägt sich vor allem mental nieder in der Abwendung von einer religiös-magischen Weltsicht zu einer naturwissenschaftlich-positivistischen. Das übernatürliche Geschehen wird nun in der einen oder anderen Richtung interpretiert, eine befriedigende Lösung nicht gefunden. Selbst wenn die rationalistische Variante akzeptabel sein sollte, gestaltet sie sich keineswegs weniger bedrohlich als die magische Alternative.

Ich untersuche nun innerhalb der zeitlichen Dimension von Fremdheit inwiefern im Geschehen Anklänge an magisch-religiöses Denken stattfinden, bzw. inwiefern das Übernatürliche in Zusammenhang steht mit zeitgenössischen Wissenschaftsdiskursen. Dabei wird sich die These Dieter Pennings bestätigen, „dass die Elemente der Überwirklichkeit kein Produkt einer wild entfesselten Imagination des Dichters sind, sondern sich bestimmten, im weitesten Sinne philosophischen

---
[23] http://www.in-output.de/AKE/akeFreud.html
[24] Freund, 9

Systemen zuordnen lassen, die für eine Epoche dominant waren...".[25]

In der Thematisierung des Untergangs von Adelsgeschlechtern greifen die Autoren den gesellschaftlichen Aspekt dieser Alt-Neu Dichotomie auf.

Die persönliche Fremdheitsdimension ist eng mit der zeitlichen verknüpft, wird in der Fantastik doch einer neuen Sicht auf das Individuum Rechnung getragen, die sich auch an wissenschaftlichen oder philosophischen Postulaten, wie etwa dem Idealismus Johann Gottlieb Fichtes (1762 – 1814) oder dem Mesmerismus, orientiert. Der Zusammenprall von Vertrautem und Fremdem bedingt eine Ich-Fremdheit der Protagonisten, die sich niederschlägt in ihrem fundamentalen Wandel und der Doppelgängermotivik. Das Ich wird häufig durch ein fremdes, fantastisch überhöhtes, weibliches Du dominiert; das ursprüngliche, vertraute Ich zur eigenen Unkenntlichkeit verzerrt.

Berühren die beiden ersten Fremdheitsdimensionen thematische Aspekte, so bezieht sich die dritte auf literatur- bzw. kunstimmanente Phänomene. In der künstlerischen Dimension von Fremdheit drückt sich die Spannung zwischen Kunst und Leben aus. Der fantastische Text als Kunstprodukt steht im Gegensatz zu der darin immer wieder konstatierten Abbildung von Realität. Unter diesem Aspekt tritt durch Selbstreferentialität ein gewisser Spielcharakter der Fantastik zu Tage.

1.2. Vorstellung der Texte

1.2.1. Friedrich von Schiller (1759-1805):„Der Geisterseher"

Schillers einziges erzählerisches Werk erschien in der Zeitschrift „Rheinische Thalia" als Serie in den Jahren 1787 – 1789[26]. Lorenz Freiherr von Stackelberg behauptet, dass vor allem mit diesem Werk der Startschuss gefallen sei für eine regelrechte „Welle von Geschichten,...denen...eine gewisse Aufgeschlossenheit den Phänomenen des Übersinnlichen gegenüber gemeinsam ist".[27] Das Werk bezeichnet er dabei als „typprägendes Beispiel der rationalistischen Variante".[28] Epigonen Schil-

---

[25] Penning, 201
[26] Stiffler, 17
[27] Stackelberg, 7
[28] ebd, 8

lers, die auch am beachtlichen finanziellen Erfolg teilhatten, waren unter anderem Christian Heinrich Spieß (1755 - 1799), Johann August Apel (1771 - 1816) und Friedrich Laun (1770 - 1849).

Schiller selbst hat eines seiner wenigen Prosawerke niemals vollendet, er betrachtete es als „reine Brotkunst": „Cagliostro..., Flamels Geisterseher, geheime Chroniken, Reiseberichte, allenfalls pikante Erzählungen, - das sind Objekte für Journale,"[29] berichtet er.

Der Text fiel in eine Zeit, da die Geisterthematik gerade Hochkonjunktur genoss. Auf der einen Seite blühte die Aufklärung, die mit ungeheurer Erklärungswut das Übersinnliche hinweg zu argumentieren versuchte. Andererseits darf jedoch nicht vergessen werden, dass erst 1775 die letzte offizielle Hexenhinrichtung in Zentraleuropa stattgefunden hatte. Daneben traten durchaus intellektuell anerkannte Stimmen auf, die vor einer völligen Entzauberung des Übernatürlichen warnten, wie etwa in der Person des Karl Philipp Moritz.[30]

Dass Schiller sich in der Gespensterfrage ganz konkret auf zeitgenössische Diskussionen bezogen hatte, wird allein schon an seiner Quellenwahl deutlich: In der Maiausgabe der „Berlinischen Monatszeitschrift" von 1786 soll er sich Anregungen geholt haben, etwa durch die darin abgedruckten Beiträge „Auszüge aus einer neuen, noch ungedruckten Beschreibung von Venedig" und „Noch etwas über die Geheimgesellschaften im protestantischen Deutschland", die aufgrund eines häufig antirationalistischen Gepräges im Ruch des Okkulten standen. Daneben sind Leserbriefe einer hohen Adligen abgedruckt, die seit dem Tode ihres Bruders einen „vermehrten...Hang zur Mystik" verspürte, und dem Prinzen Friedrich Eugen von Württemberg, der sich zu seinem Kontakt zur Geisterwelt bekannte[31] und somit Vorbild für die Hauptperson von Schillers Erzählung wurde.

Der Autor hat also seinen Fundus in echten gesellschaftlich virulenten Tendenzen gefunden.

---

[29] Stiffler, 36
[30] Stackelberg, 23
[31] Stiffler, 17

1.2.1.1. Inhalt

Im Mittelpunkt der in Venedig angesiedelten Erzählung steht ein charakterschwacher deutscher Prinz, der aufgrund seiner relativen Macht- und Mittellosigkeit zunächst ein zurückgezogenes Leben führt. Er ist Opfer einer Intrige, deren offensichtliches Ziel die Installation eines katholischen Monarchen auf einem Thron im vorherrschend protestantischen Deutschland ist. Als sich die von einem Armenier offenbarte Prophezeiung seiner baldigen Anwartschaft auf den Thron durch den Tod der ihm in der Erbfolge Vorangegangenen bewahrheitet, treten zwei bedeutende Veränderungen im Leben des Prinzen ein: Die Rangerhöhung fordert einen aufwendigeren Lebensstil und steigert somit noch die Attraktivität für weitere Intriganten; andererseits hat die Prophezeiung den ohnehin bereits vorhandenen Sinn fürs Übernatürliche bei dem Prinzen gestärkt. Beide Entwicklungen führen letztlich zum Ruin der Hauptperson.

Die Erzählung gliedert sich in zwei Bücher. Im ersten Buch dominiert das Element des Übernatürlichen, dessen wichtigster Exponent der Armenier ist. Bei einer Landpartie ereignen sich unerklärliche Dinge, die schließlich in einer, wie sich erst durch polizeiliches Eingreifen herausstellt, inszenierten Geisterbeschwörung gipfeln. Die vom Prinzen geforderten Erklärungen des eingekerkerten Betrügers, eines Sizilianers, bleiben ambivalent: Während er die technischen Aspekte des Spuks akribisch aufdeckt, hüllt er die Person des Armeniers, an dessen Entlarvung dem Prinzen besonders viel gelegen ist und der auch eine unverständliche Rolle bei der vorangegangenen Geisterbeschwörung gespielt hat, weiterhin in gespenstisches Dunkel. Dennoch wendet sich der Protagonist zu Ende des ersten Buches gänzlich von seinem Gespensterglauben ab.

Im zweiten Buch steht ein gesellschaftlicher Aspekt im Vordergrund: Der ungefestigte Charakter und der Repräsentationszwang eines Thronfolgers lassen den Prinzen ein ausschweifendes Leben führen, das er schließlich nur noch mit der finanziellen Hilfe seiner italienischen Logenbrüder bestreiten kann. Hatte sich sein Irrationalismus vorher noch im Gespensterglauben geäußert, wendet er sich nun der obsessiven Liebe einer Frau zu. Diese wiederum steht in Kontakt zu dem geheimnisvollen Armenier. Die Fragment gebliebene Erzählung endet mit dem Tod der Geliebten, dem gänzlichen Bruch des Prinzen mit seiner Familie und seiner Konversion zum katholischen Glauben, die offensichtlich die ganze Zeit das Ziel des Armeniers war.

Einen Ausblick auf das von Schiller vorgesehene Ende der Erzählung gibt der Haupterzähler Graf O, wenn er behauptet, der Prinz wäre „eine Zierde des Throns geworden, den er durch ein Verbrechen ersteigen zu wollen sich betören ließ."[32]

1.2.1.2. Schillers „Der Geisterseher" als fantastische Erzählung

Inwiefern handelt es sich bei Schillers Werk nun um eine fantastische Erzählung?

Alle von mir postulierten Strukturmerkmale werden erfüllt, so könnte sich der Charakter des Fragments kaum deutlicher zeigen als in dieser tatsächlich nie vollendeten Erzählung. Besonders komplex gestaltet sich die Anordnung von Gesamt- und Teiltexten, die auch der Steigerung des Authentizitätscharakters dienen. Der Gesamttext stellt die Memoiren des Grafen von O. dar. Während im ersten Buch der Graf seinen gemeinsamen Aufenthalt mit dem Prinzen in Venedig zusammenfasst, besteht das zweite aus einer Sammlung von Briefen des Baron F. an den Grafen, in denen Bericht über die weitere Entwicklung des Prinzen abgestattet wird. Sie erwecken den Eindruck von Unmittelbarkeit. Durch diese Mehrfachbelichtung der Person des Prinzen gewinnt diese an Tiefe. In dieser verschachtelten Struktur finden sich auch zwei Binnenerzählungen, deren Bedeutung sich nach Muriel Stiffler auch im Gesamttext niederschlägt und ein Gefühl des Pandeterminismus erweckt.[33] Im ersten Buch ist es die Erzählung des Sizilianers, der eine mustergültige Gespenstergeschichte im Sinne Stifflers zum Besten gibt, die Binnenerzählung des zweiten Buches stammt von dem Marchese di Civitella und trägt eher opernhafte Züge. Obgleich der Graf sich vehement als „Augenzeuge"[34] bezeichnet und nahezu konsequent bleibt, schaltet sich gelegentlich eine übergeordnete Erzählperspektive ein. So heißt es im Übergang zwischen den einzelnen Büchern: „fährt der Graf von O. fort".[35] Die stringent aufgebaute Beglaubigungsstrategie wird damit gebrochen.

---

[32] http://gutenberg.spiegel.de/schiller/geisters/geist009.htm
[33] Stiffler, 14
[34] http://gutenberg.spiegel.de/schiller/geisters/geist001.htm
[35] http://gutenberg.spiegel.de/schiller/geisters/geist009.htm

Dass Schiller aktuelle Tendenzen aufgegriffen hat, etwa in der Miteinbeziehung des Logenwesens oder der Gespensterthematik, wurde bereits geklärt. Die Einordnung des Geistersehers in den fantastischen Kanon muss dennoch umstritten bleiben, weil Punkt eins, die Dominanz des Übernatürlichen, nur bedingt gegeben ist: Das geisterhaft Übernatürliche ist wesentlich im ersten Buch bereits abgeschossen; im Werk werden für die darin agierenden Personen durchaus befriedigende Lösungen geboten. Dem Leser können diese jedoch nicht ausreichen: Schließlich bietet der Prinz gleich zwei ihm gleichermaßen plausibel erscheinende Lösungen an für das Eintreffen der Prophezeiung.[36]

Fest steht jedoch, dass „Der Geisterseher" für die deutsche Gespenstergeschichte, wie für die Fantastik insgesamt, als Impulsgeber kaum zu unterschätzen ist.

1.2.1.3. Dimensionen des Fremden in Schillers „Der Geisterseher"

In Schillers Werk spiegeln sich alle von mir postulierten Dimensionen der Fremdheit wieder.

Die persönliche Dimension tritt vor allem in dem Gefühl der Fremdbeherrschung des Prinzen auf. Das fremde Ich tritt durch verschiedene Äußerungen des Prinzen zu Tage: Zunächst einmal reist er inkognito, er versteckt also sein Ich. Als er sich verliebt, äußert er Verwunderung darüber, dass ein einziger Moment einen Menschen in zwei so ungleiche Teile trennen könne. „In seiner Phantasienwelt verschlossen, war er sehr oft ein Fremdling in der wirklichen."[37] Mit diesen Worten bescheinigt ihm der Graf O. die Realitätsfremdheit, die ihn letztlich angreifbar macht.

Die Fremdbeherrschung ist ein zentrales Thema Schillers: Die Geisterbeschwörung war von langer Hand geplant gewesen und konnte nur durch Wissen, das ein geflohener Angestellter des Prinzen weitergegeben hatte, zum Erfolg führen. In noch größerem Stil hat der Armenier seine Macht über den Prinzen walten lassen, der die Konversion des Protagonisten zum Katholiken herbeigeführt hat. Diese Fremdherrschaft über das Individuum ist jedoch bereits in der Erziehung des jungen Adligen angelegt; auch seine Standeserhöhung kommt einer Beherr-

---

[36] http://gutenberg.spiegel.de/schiller/geisters/geist009.htm
[37] http://gutenberg.spiegel.de/schiller/geisters/geist001.htm

schung gleich: „Wohl Ihnen," erzählt der Prinz dem Baron, „dass Sie [die Meinung der Welt] verachten können, ich bin ihr Geschöpf."[38] Während die Ich-Fremdheit in dieser Erzählung von anderen Menschen ausgeht, bleibt ihr Ursprung in den übrigen Werken häufig im Dunkeln.

Die zeitliche Dimension der Fremdheit findet sich unter anderem in der wachsenden Unzufriedenheit des Prinzen mit seinem Stand. Daneben vermag der Prinz sich nicht mit den vorherrschenden und einander widersprechenden Mentalitäten auszusöhnen: Durch den Betrug bei der Beschwörung aufgeschreckt wirft er seine alte, an religiös-magischem Denken angelehnte Mentalität direkt über Bord und wendet sich durch seine Studien anscheinend eher modernem Gedankengut zu.

Die Divergenz zwischen Kunst und Leben klingt in strukturellen Eigenheiten an oder in der Bildhaftigkeit der Frauenfigur.

1.2.2. Werke

1.2.2.1. E.T.A. Hoffmann (1776 – 1822)
„Die Abenteuer der Silvesternacht"

Diese Erzählung erschien 1815 erstmals in dem Sammelband „Fantasiestücke in Callots Manier". Als Allround-Künstler griff Hoffmann im Titel einen musikalischen Begriff auf, den er mit dem graphischen Werk Jacques Callots (1592 - 1635) in Verbindung brachte.

Die Erzählung ist durch ein Vorwort des Herausgebers und eine abschließende Wendung des Protagonisten an diesen Herausgeber umklammert.

Im Liebesschmerz verlässt der Reisende Enthusiast eine Silvestergesellschaft, bei der er auf seine ehemalige Geliebte Julie getroffen ist, die nun verheiratet ist und sich ihm gegenüber uneindeutig verhält. Von der mondänen Gesellschaft zieht er sich in eine einfache Gaststube zurück, wo er auf die fiktiven Gestalten des Peter Schlemihl, Adalbert von Chamissos Mann ohne Schatten, und Erasmus Spikher, Hoffmanns Eigenschöpfung als Mann ohne Spiegelbild, trifft. Diese entfliehen nun ihrerseits, weil der Reisende Enthusiast durch das Lüften ihres Inkognitos sie wieder mit ihrem existentiellen Problem des

---

[38] http://gutenberg.spiegel.de/schiller/geisters/geist012.htm

Selbstverlustes konfrontiert hat. Aufgrund eines Versehens verbringen Spikher und der Reisende Enthusiast gemeinsam die Nacht in einer Herberge. Dabei wird den beiden eine gewisse Vergleichbarkeit ihres Schicksals bewusst, das vor allem in der unerfüllten Liebe zu einer Frau besteht. Um den Verlust seines Spiegelbildes zu erklären, hinterlässt Spikher dem Reisenden Enthusiasten das Manuskript seiner Lebensbeichte. Während eines Italienaufenthaltes hat er sich in die Teufelsbündlerin Giulietta verliebt. Seine krankhafte, durch die magischen Fähigkeiten der Italienerin verstärkte Liebe lässt ihn Frau und Kind vergessen und gipfelt schließlich im Mord an einem Rivalen. Bevor Erasmus aus Italien flieht, vermacht er der Italienerin auf ihr Flehen hin sein Spiegelbild. Wieder zu Hause angekommen erfahren Frau und Kind von diesem Verlust und identifizieren Spikher als Teufelsbündler, worauf hin sie sich von ihm abwenden. Giulietta und die Teufelsgestalt des Doktor Dapertutto versuchen den sich verlassen fühlenden Spikher nun vollends an sich zu binden, indem sie ihn zum Mord an seiner Familie anstiften, bzw. deren Überschreibung an den Teufel. Mit Hilfe einer geisterhaften Erscheinung seiner Ehefrau gelingt ihm jedoch dieser Versuchung zu widerstehen. Die Familie söhnt sich mit Spikher aus, doch schickt ihn die Ehefrau auf eine Bewährungsreise, bei der er sein Spiegelbild wieder gewinnen soll.

Als Teufelsbündlerin trägt Giulietta den Charakter des Übernatürlichen; eine gesellschaftliche aktuelle Tendenz wird in diesem Werk nicht aufgegriffen, dafür erfüllt es alle strukturellen Bedingungen der Fantastik, etwa die Anordnung in Rahmen- und Haupthandlung; der fragmentarische Charakter und die Beglaubigung begründen sich unter anderem in einer zweifachen Tagebuchform.

Die Fremdheitsdimensionen treten hier sehr vielschichtig auf, was sich in ihrer persönlichen Tagebuchform vor allem mit einem zweifachen Doppelgängermotiv begründet. Nur vage wird die zeitliche Dimension berührt in der Thematisierung von Teufelsmagie. Die intertextuelle Referenz zu einem Werk Adalbert von Chamissos verdeutlicht sich die Beziehung zwischen Kunst und Leben besonders.

"Das Öde Haus"

Diese Erzählung ist der Sammlung „Nachtstücke", einem der Malerei entlehnten Begriff, aus den Jahren 1816/17 entnommen, in der auch Hoffmanns berühmtestes Werk „Der Sandmann" erschienen war.

Getreu dem serapionistischen Prinzip stellt der Rahmen dieser Erzählung ein poethologisches Abstraktum des eigentlichen Werkes dar. Der geisterseherisch veranlagte Erzähler Theodor trägt ein Erlebnis vor, in dem das Wunderliche – Dinge, die zwar durchaus möglich, jedoch noch nicht erklärbar sind – mit dem Wunderbaren – dem unzweifelhaft Übernatürlichen – miteinander vermischt sind.[39]

Während eines Berlinaufenthaltes fühlt sich Theodor von einem Gebäude, das unter den ansonsten überaus prächtigen Wohnsitzen „Unter den Linden" durch seinen hohen Grad an Verwahrlosung hervorsticht, geradezu magisch angezogen. Seine zunächst detektivischen Nachforschungen werden von einer zunehmenden Besessenheit begleitet, die schließlich darin gipfelt, dass ihn das Spiegelbild der dort gesichteten vermeintlichen Bewohnerin verfolgt. Er verfällt dieser Erscheinung, interpretiert die Geschehnisse als Zeichen eines herannahenden Wahnsinns und begibt sich in eine magnetische Behandlung. Bei einer Abendgesellschaft wird der Mesmerismus erörtert, die Möglichkeit eines vom Opfer unbemerkten Fernrapports nicht ausgeschlossen. Davon angespornt versucht Theodor das Rätsel seiner regelmäßig wiederkehrenden tranceartigen Anfälle in dem titelgebenden Haus zu lösen. Die Gestalt seiner Visionen entpuppt sich dort als alte Frau, die ihre in ihrer Jugend gescheiterte Hochzeit nachzuholen trachtet und zu diesem Zweck Theodor mittels magnetischer Kräfte an sich gebunden hat. Theodor wird von ihrem Diener und Aufseher gerettet. Nachdem er zufällig die Bekanntschaft einer Verwandten seiner Peinigerin gemacht und erfahren hat, dass diese sich von seinem eigenen Arzt behandeln lässt, entdeckt dieser ihm, wie es zum Wahnsinn der Gräfin kam und sie ihre magnetischen Kräfte gewonnen hat. Teilweise spielt dabei Magie eine Rolle.

Das Übernatürliche und die Behandlung zeitgenössischer Tendenzen manifestieren sich im Thema des Mesmerismus; der

---

[39] Hoffmann, E.T.A.: „Das Öde Haus". In: derselbe: „Nachtstücke. Seltsame Leiden eines Theaterdirektors". Aufbau-Verlag, Berlin. 167

Textaufbau zeichnet sich durch eine Rahmenkomposition mit mehreren Binnenerzählungen aus; fragmentarisch ist er, indem er auch wieder als eine Art Tagebuch abgefasst ist und Fragen offen lässt. Als Beglaubigungsstrategien wendet sich der Erzähler immer wieder vergewissernd an sein Publikum und bezieht sich auf den aktuellen Wissenschaftsdiskurs.

Hier dominiert die zeitliche Fremdheitsdimension in Form von Mesmerismus und Magie, wobei auch der gesellschaftliche Aspekt zum Tragen kommt. In engem Zusammenhang mit den zeitgenössischen wissenschaftlichen Theorien steht die Problematik des Ich, das hier durch magnetische Kräfte seiner Eigenständigkeit beraubt wird. Das fremde Du repräsentiert die wahnsinnige Gräfin. Die künstlerische Dimension schlägt sich vor allem strukturell nieder.

1.2.2.2. Edgar Allan Poe (1809 – 1849)
„Metzengerstein"

Diese Erzählung ist als Teil des Zyklus „The Tales of the Folio Club" konzipiert, mit dem Poe sich an einem Wettbewerb für Nachwuchsautoren des Magazins „Saturday Courier" beteiligt hatte. Als sein erstes Prosawerk wurde sie 1832 veröffentlicht.[40]

Das Geschehen ist im Ungarn einer sehr unpräzise angedeuteten Epoche angesiedelt, in der die Menschen an Seelenwanderung glaubten. Gegenstand ist der Untergang eines Adelsgeschlechts durch übernatürliches Geschehen.

Eine alte, kaum interpretierbare Prophezeiung besagt, dass eine der beiden verfeindeten Nachbarsippen Berlitzifing und Metzengerstein letztlich durch die Aktion der jeweils anderen dem Untergang geweiht sein wird. Friedrich von Metzengerstein hat zu Beginn der Handlung mit achtzehn Jahren die Herrschaft angetreten. Als Regent macht er von sich Reden durch seine Grausamkeiten, zu denen wahrscheinlich auch Brandstiftung in den Stallungen seines bereits alten Nachbarn Wilhelm zählt. Dieser stirbt beim Versuch, seine Pferde zu retten. Metzengerstein betrachtet zu diesem Zeitpunkt ein Bild seiner Ahnengalerie, das das Schlachtross eines besiegten Berlitzifing zeigt. Im Todesmoment des Nachbarn scheint das Gemälde plötzlich zum Leben zu erwachen. Wenig später bringen die Dienstboten

---

[40] http://www.abacci.com/books/book.asp?bookID=1336

das lebendige Gegenstück zu dem gemalten Pferd, das aus den Stallungen des Nachbarn zu stammen scheint, während sein offensichtliches Abbild aus der nun versiegelten Ahnengalerie verschwunden ist. Metzengerstein reitet ab jetzt täglich das von seinem Rivalen beseelte Pferd, von dessen magischen Zustand jedoch kaum jemand etwas bemerkt. Seinen herrschaftlichen und gesellschaftlichen Pflichten kommt er aufgrund der sich immer länger ausdehnenden Ritte nicht mehr nach.

Höhe- und Wendepunkt der Erzählung treten ein, als das Metzengerstein'sche Schloss in Flammen steht. Scheinbar wie ein Besessener reitet Friedrich in die Flammen hinein und kommt dabei seinerseits ums Leben. Die Rauchschwaden nehmen die Form eines Pferdes an.

Die Dominanz des Übernatürlichen ist durch die magische Beseelung des Pferdes erfüllt; in der Thematisierung des Untergangs eines Geschlechts greift Poe mit dem Niedergang der Adelsherrschaft ein im neunzehnten Jahrhundert aktuelles Problem auf; auf den ersten Blick scheinen die strukturellen Merkmale des Fantastischen hier nicht gegeben, doch wird eine nähere Untersuchung im Laufe der Arbeit auch die Erfüllung dieser Punkte bestätigen.

Am deutlichsten tritt in dieser Erzählung die Alt-Neu Dichotomie in ihrer gesellschaftlichen Relevanz zu Tage durch den Untergang eines Adelsgeschlechtes. Der wissenschaftlich mentale Bereich bleibt hingegen eher Kolorit. In der scheinbaren Besessenheit Friedrichs, dessen Charakter wenig individuell gestaltet ist, spielt die persönliche Dimension von Fremdheit eine untergeordnete Rolle, genau wie der Aspekt „Fremdes Leben – Fremde Kunst". Aufgrund der relativen Überschaubarkeit von Poe's Gesamtwerk habe ich mich entschlossen, nicht wie sonst in dieser Arbeit, einen zweiten Text des Autors zu erörtern; vielmehr habe ich mir vorbehalten, in der Behandlung der einzelnen Fremdheitsaspekte auf Werke des Autors zu verweisen, die mir jeweils besonders repräsentativ erscheinen.

1.2.2.3. Guy de Maupassant (1850 -1893)

„La Chevelure"

Oft wird behauptet, dass Maupassants fantastisches Werk Zeugnis seiner eigenen zunehmenden Bewusstseinstrübung gegen Lebensende sei; nahezu ebenso häufig weisen Kritiker jedoch darauf hin, dass das Fantastische von Beginn seiner schriftstellerischen Karriere an in seinem Werk vertreten war und dass er trotz seines desolaten Geisteszustandes weiterhin ausgesprochen realistische Werke verfasste.[41] Die Erzählung „La Chevelure" entstand im Jahre 1884, also kurz vor seinem meist beachteten Roman „Bel Ami".

Sie ist in einer Nervenklinik angesiedelt. Ein Besucher, der die Rahmengeschichte erzählt, beobachtet einen Insassen und liest auf das Angebot des Arztes hin dessen Tagebuch, das den Hauptteil des Werkes ausmacht. Darin schildert der Wahnsinnige, wie es zu seiner Einweisung kam. Als finanziell gut situierter Junggeselle hat er ein hedonistisches und bindungsloses Dasein geführt, bis er Geschmack an antikem Kunsthandwerk findet. Er ersetzt fehlende zwischenmenschliche Kontakte, indem er in den weiblich besetzten Gegenständen die ehemaligen Besitzerinnen imaginiert. Da die Objekte weniger vergänglich sind als sein eigenes Dasein, schätzt er die Kunstwerke, von denen er sich erotisch angezogen fühlt. Im Geheimfach eines Sekretärs, der ihn regelrecht zum Kauf verführt hat, findet er eine abgeschnittene Flechte Frauenhaars, das ihn stark erotisiert. Zunehmend verliert er den Bezug zu seiner Umwelt und widmet sich gänzlich dem Haar. Der Höhepunkt setzt ein, als er eines Nachts glaubt, die Besitzerin dieses Haars sei zum Leben erwacht; er will mit ihr Geschlechtsverkehr gehabt haben. Nachdem er seine nur für ihn sichtbare Gefährtin mehrfach in die Gesellschaft ausgeführt hat, wird er schließlich eingewiesen. Abschließend meldet sich wieder der Besucher der Anstalt zu Wort. Um den Wahrheitsgehalt der Tagebuchaufzeichnung zu überprüfen, wünscht er die fatale Haarflechte zu sehen. Auf deren Berührung reagiert der Erzähler nun mit widersprüchlichen Gefühlen, ganz ähnlich wie der Insasse sie in seinen Notizen geschildert hat.

---

[41] Bancquart, Marie-Claire: „Maupassant. Conteur Fantastique." Minard, Paris, 1976. 3

Diese Erzählung entspricht wegen der Unschlüssigkeit dem Fantastikmodell Todorovs: Ob es sich nun beim Geschehen um Wahn oder wirklich die Erweckung einer Toten handelt, bleibt ungeklärt. Das in dieser Arbeit postulierte Modell erfüllt sich ebenfalls: Das Element des Übernatürlichen tritt in der vermeintlich wiedererstandenen Toten auf, das man aber auch als Wahn erklären kann, womit die zweite Bedingung, das Aufgreifen zeitgenössischer Diskurse, erfüllt ist. Auch diese Erzählung wird von einem Rahmen umschlossen, fragmentarisch ist sie durch ihr offenes Ende. Es wird sich zeigen, dass sich die Beglaubigungsstrategien hier sehr komplex gestalten.

Ebenso komplex liegen hier die Fremdheitsdimensionen: Die persönliche Fremdheit charakterisiert sich, je nach Lesart, im allmählichen Triften des Protagonisten in den Wahnsinn aufgrund seiner Abhängigkeit vom fremden Du einer möglicherweise lediglich imaginierten Frau. In der Beschäftigung mit dem Wahnsinn greift Maupassant eine aktuelle Tendenz auf. Die künstlerische Dimension wird berührt in der Schaffung eines künstlichen Paradieses durch den Protagonisten.

„Le Horla"

Dieses Werk ist in zwei Versionen vertreten, die kürzere Fassung entstand 1886, die endgültige, hier untersuchte, ein Jahr später.

Diese Erzählung ist als fiktives Tagebuch gestaltet. Der namenlose Erzähler wird von Zuständen und später Erscheinungen heimgesucht, die er zunächst einer noch unerforschten Krankheit zuschreibt. Wiederholte Reisen, nach Paris und zum Mont Saint Michel, bewirken ein sofortiges Verschwinden der Symptome. Die Tatsachen, dass seine Bediensteten ebenfalls betroffen sind, er selbst bei seiner Rückkehr rückfällig wird sowie aufgrund von Beobachtungen, lassen ihn ein unsichtbares Wesen als Auslöser für die Geschehnisse vermuten. Von diesem Wesen, dem er den Namen Horla gibt, fühlt er sich seines Willens beraubt. Durch einen Zeitungsbericht erfährt er von einer Wahnsinnsepidemie in Südamerika. Bevor seine Symptome eingesetzt haben, hat er einen Dampfer aus dem betroffenen Gebiet beobachtet. Eine mögliche Ansteckung zieht der Autor nicht in Betracht, vielmehr geht er davon aus, dass der Horla an

Bord des Schiffes gewesen sei und sich in seinem Haus niedergelassen habe.

Seine Nachforschungen scheinen die Vermutungen zu bestätigen, dass es sich um eine Wesenart handele, möglicherweise extraterrestrischen Ursprungs, das die Nachfolge der Menschheit als Herrscher der Erde anstrebe und diese bereits seit Jahrhunderten begleitet habe. Ein Bewusstsein für seine Existenz habe sich im Glauben der Menschen an Fabelwesen wie Gnome oder Feen niedergeschlagen.

Nachdem der Protagonist sein Haus, versehentlich mit samt der Dienerschaft, niedergebrannt hat, um sich von der Fremddominanz zu befreien, glaubt er festgestellt zu haben, dass der Horla nicht wie erhofft in den Flammen umgekommen sei. Als letzten Ausweg sieht der Tagebuchautor Selbstmord.

Das Übernatürliche bietet ein Erklärungsmuster für das Geschehen, bzw. wird als Auswirkung des Wesens betrachtet; gesellschaftlich virulente Tendenzen greift Maupassant auf in einer Konzentration auf den zeitgenössischen Wissenschaftsdiskurs, den er auch als Beglaubigung einsetzt. Der Authentizitätsanspruch spiegelt sich in der Tagebuchstruktur wieder, die wiederum den fragmentarischen Charakter unterstreicht.

Als Fremdheitsdimension dominiert das zeitliche Fremde: Der Protagonist sucht nach Erklärungen für seinen Zustand sowohl in der Vergangenheit, etwa in der Betrachtung des Wesens als Gnom, als auch in gegenwärtigen, vor allem medizinisch-psychologischen Tendenzen. Auffallend ist die durchweg rationalistisch-empirische Vorgehensweise des Erzählers. Persönliche Fremdheit drückt sich aus in dem Gefühl der Fremdbeherrschung, die Kunst-Leben-Dichotomie in formalen Gesichtspunkten.

2. Die zeitliche Fremdheit

2.1. Fremde Zeit

Unter diesem Aspekt möchte ich kulturhistorische Aspekte behandeln, wie sie sich etwa niederschlagen in Erkenntnissen, psychologischer und naturwissenschaftlicher Hinsicht, sowie in gesellschaftlichen Umgestaltungen, dem sich andeutenden Ende der Adelsherrschaft. Alt und Neu tragen dabei gleichermaßen dämonisch-verderbliche Züge. Sie schließen sich auch nicht immer gegenseitig aus, vielmehr lässt sich das dämonische Alte, die Magie, teilweise mit dem Neuen, der Wissenschaft, erklären. Das Neue löst Angst aus, vor allem durch missbräuchliche Anwendung, aber auch durch seine Lückenhaftigkeit.

Die Fremdheit definiert sich hier doppelt: einerseits in der Abgrenzung von der religiös und magisch orientierten, vom Adel als gesellschaftlicher Elite dominierten Vergangenheit; andererseits in den positivistisch- rationalistischen, demokratischen Tendenzen der Gegenwart, die von den eher im Vergangenen verharrenden Individuen als fremd empfunden werden.

Diese Dimension spiegelt sich in all ihren Facetten in sämtlichen Einzeltexten.

Die gesellschaftliche Dimension in der Dämonisierung des Adels finden wir explizit in Poes Erzählung „Metzengerstein" und in E.T.A. Hoffmanns Werk „Das Öde Haus", in gewisser Hinsicht auch in den Texten Maupassants.

Die wissenschaftlich-mentale Dimension, die Divergenz oder Ergänzung von Magie und Wissenschaft, spielt in den Texten „Le Horla" und „Das Öde Haus" eine zentrale Rolle, bei Poe insofern, als der Untergang des Adelsgeschlechtes magisch motiviert ist; in „La Chevelure" steht die Erklärung des magischen Geschehens als Wahnsinn im Vordergrund.

2.1.1. Zeitliche Fremdheit in Schillers „Der Geisterseher"

Das erste Buch ist vom Pol des Alten in Form des Magieglaubens geprägt, das zweite eher vom Neuen in der Hinwendung des Prinzen zu Rationalismus und Positivismus, bzw. einer kritischen Sicht seines Standes.

Sein altertümlicher Magieglaube, - „mit der Geisterwelt in Verbindung zu stehen, war ehedem seine Lieblingsschwärmerei gewesen"[42] - wird von Intriganten wie dem Armenier und dessen potentiellen Gehilfen, dem Geister beschwörenden Sizilianer, ausgenutzt. Durch Beherrschung und manipulativen Einsatz von Technik zeichnen sie sich als Exponenten des Neuen aus. Als der Prinz dies erkennt, vor allem durch die Aufklärung des Sizilianers, wendet er sich zunächst völlig von seinem Glauben ans Übernatürliche ab, ob nun in magischer oder religiöser Hinsicht, hin zu einem strikten Rationalismus. Seine vormalige Leichtgläubigkeit erkennt er als Folge defizitärer Bildung, die er nun aufzubauen versucht. Der Graf von O bringt diesen Wandel auf einen bündigen Nenner: „…er hatte sich in dieses Labyrinth begeben als ein glaubensreicher Schwärmer, und er verließ es als Zweifler und zuletzt als ein ausgemachter Freigeist."[43]

Ebenfalls eine gewichtige Rolle in der Überwindung des Alten spielt im zweiten Buch die kritische Beziehung des Prinzen zu seinem gesellschaftlichen Stand. So verurteilt er die Abhängigkeit des Adels von der öffentlichen Meinung: „Was sind wir Fürsten anders als Meinung. Alles an uns Fürsten ist Meinung."[44] „Dazu kam noch die Sonderbarkeit in seinem Charakter, dass ihn jede Aufmerksamkeit verdross, die er seinem Stande und nicht seinem persönlichen Werte danken zu müssen glaubte. Vorzüglich empfand er diese Demütigung in Gegenwart solcher Personen, die durch ihren Geist glänzten und durch persönliche Verdienste gleichsam über ihre Geburt triumphierten."[45] Dass er beginnt, sich als Individuum zu betrachten, nicht mehr als adelstypischer Teil einer Ahnenreihe, wird deutlich, indem er zu bedenken gibt: „Was mir vorherging und was mir folgen wird, sehe ich als zwei schwarze undurchdringliche Decken an, die an beiden Grenzen des menschlichen Lebens herunterhängen…"[46] Hiermit berührt er auch eine persönliche Dimension von Zeitlichkeit, indem ihm seine eigene Vergänglichkeit schmerzlich bewusst wird.

---

[42] http://gutenberg.spiegel.de/schiller/geisters/geist002.htm
[43] http://gutenberg.spiegel.de/schiller/geisters/geist010.htm
[44] http://gutenberg.spiegel.de/schiller/geisters/geist012.htm
[45] http://gutenberg.spiegel.de/schiller/geisters/geist010.htm
[46] http://gutenberg.spiegel.de/schiller/geisters/geist012.htm

2.2. Wissenschaftlich-Mentale Dimension

2.2.1. Das Alte

Zunächst sollen nun die Themen Magieglaube und, eher am Rande, Religion als alte holistische Welterklärungsmuster in den Texten aufgespürt werden. Dabei werden mehrere Tendenzen deutlich, die sich aus Schillers Werk extrahieren lassen: Zum ersten fügt das magische Geschehen dem Protagonisten Schaden zu, so leidet Schillers Prinz unter den Attacken des Sizilianers und Armeniers; zweitens stellt sich eine soziale Dimension des Magieglaubens heraus, indem dieses Weltbild eher ungebildeten Kreisen zugeordnet ist; drittens wird der magische Charakter des Geschehens häufig erst mittels positivistischer Beobachtung als solcher wahrgenommen, in Schillers Werk durch die akribischen Bekenntnisse des Sizilianers; viertens bieten Rationalismus und Wissenschaft alternative Deutungen für den Magieglauben an sich, die allerdings unbefriedigend bleiben.

2.2.1.1. Magie

In Maupassants Erzählung „Le Horla" klingt vor allem die Rolle der Religion als holistischem Weltmodell an. Zu Anfang der Tagebuchaufzeichnung lauscht der Protagonist den Glocken der Kathedrale von Rouen „qui sonnent dans l'aire bleu des belles matinées, jetant jusqu'à moi leur doux et lointain bourdonnement de fer, leur chant d'airain que la brise m'apporte, tantôt plus fort et tantôt plus affaibli, suivant qu'elle s'éveille ou s'assoupit."[47] Der Klang wird über eine weite Distanz von der als allumfassend gezeichneten Luft zu ihm hingetragen. Sein Besuch auf dem Mont Saint-Michel ist ebenfalls von einem gewissen Gefühl der Geborgenheit und Stabilität geprägt. Das Umfassende des religiösen Weltbildes repräsentiert sich in der stadtähnlichen Größe der Kathedrale, deren Türme, „qui lancent dans le ciel bleu des jours, dans le ciel noir des nuits"[48], für

---

[47] Maupassant, Guy de : „Le Horla". in: Cogny, Pierre: „Le Maupassant du ‚Horla'". Minard, Paris, 1970. 60 Übersetzung nach Maupassant, Guy de: „Der Horla". In: Schneider, Rolf: „Das schöne Grauen". Hermann Scharfstein Verlag, Dortmund, 1978. 148: „…ihre Glocken klingen in die Bläue eines schönen Morgens und tragen ihr süßes und weit entferntes Dröhnen, ihren anschwellenden oder seufzenden erzenen Gesang, der je nach der Windrichtung manchmal stärker, manchmal schwächer wird, bis zu mir."
[48] ebd, 67

Überblick sorgen. Hier macht ihn jedoch der Mönch auch auf die andere Seite dieses geschlossenen Systems aufmerksam, indem er die Authentizität einer alten, durch das Vorkommen von Fabelwesen ins Magische rückenden Legende, nicht in Zweifel zieht.[49]

Die äußeren Beschreibungen des Tagebuchautors in „La Chevelure" weisen schon leicht in eine magische Richtung: Der Erzähler der Rahmenhandlung schildert den Insassen als „Possédé", einen Besessenen, sein Leiden wird vampirartig personifiziert.[50] Durch Totenbeschwörung und Beischlaf mit der Wiedererweckten hat der Insasse das Reich der Magie selbst betreten. Immer wieder betont er, dass er verzaubert sei, etwa vom Anblick des Sekretärs, der ihn zum Kauf verführt; er, zunächst unwissentlich, im Bann der Toten stehe. Die Magie geht von ihrem immer belebter erscheinenden Haarbündel aus, und entfaltet ihre Wirkung auch bei dem Erzähler der Rahmenhandlung.

Magie wirkt auch in den Erzählungen E.T.A. Hoffmanns: Während Theodor in „Das Öde Haus" von dem ihm fremden Spiegelbild einer Frau verfolgt wird, hat Erasmus Spikher in „Die Abenteuer der Silvesternacht" das seine an eine Frau verloren. Theodor glaubt, er müsse seine unbekannte Geliebte, „ein in verderblichen Zauberdingen befangenes Geschöpf",[51] aus den Klauen eines Hexenmeisters befreien.[52] Im Gegensatz zu ihm hat Erasmus Spikher sich aus mehr oder weniger freien Stücken seinem Verderben in Form Giuliettas anheim gegeben. In den Momenten größter Verzweiflung tritt immer wieder der Teufel, Signor Dapertutto, auf, um ihn weiter gefügig zu machen, Giulietta scheint auf Zaubersprüche zu reagieren.[53] Auch die in Berlin angesiedelte Rahmenhandlung weist magische Momente auf, so fühlt sich der Reisende Enthusiast beim Anblick seiner

---

Übersetzung nach Schneider 151, „...in den blauen Himmel des Tages und den schwarzen der Nacht recken."
[49] Cogny, 68
[50] http://maupassant.free.fr/cadre.php?page=oeuvre
[51] Hoffmann, „Das Öde Haus, 176
[52] ebd, 177
[53] Hoffmann, Ernst Theodor Amadeus: „Die Abenteuer der Silvesternacht". In: Hoffmann, E.T.A.: Fantasiestücke in Callots Manier". Aufbau-Verlag, Berlin. 339,344

ehemaligen Geliebten „wie von einem Zauberschlage plötzlich getroffen..."[54] Auch ihm erscheint immer wieder der Teufel.

Edgar Allan Poe teilt seinen Lesern gleich zu Beginn der Erzählung „Metzengerstein" mit, dass er sie ins Reich der Magie entführen wird, indem er das Geschehen im exotischen Ungarn einer Zeit ansiedelt, in der „ a settled although hidden belief in the doctrines of the Metempsychosis"[55] herrsche. Thematisch wird das ganze Werk von der magischen Seelenübertragung des Baron von Berlitzifing auf das Pferd beherrscht, das seinen Konkurrenten letzten Endes in den Flammentod trägt.

2.2.1.2. Schaden durch Magie

Was letztlich den negativen Charakter der Magie auszeichnet, ist ihre schadbringende, schwarze Seite, mit der auch die Helden der Erzählungen zu kämpfen haben.

Während Maupassants Protagonisten in einer Nervenheilanstalt bzw. durch Selbstmord enden, bewahrt nur das Eingreifen des Dieners Theodor vor dem sicheren Tode.[56] Erasmus Spikher wird zum Mörder und verliert mit seinem Spiegelbild ein Teil seiner Selbst. Das Geschlecht der Metzengersteins ist schließlich gänzlich dem Untergang geweiht.

Die magische Dominanz äußert sich bei dem Tagebuchschreiber in Maupassants „Le Horla" zunächst durch krankheitsähnliche Symptome: „Je suis malade, décidement!"[57] glaubt er zu bemerken. Diese Symptome schiebt er anfangs noch eher bildhaft einem fremden Wesen zu, das an die volkstümliche Figur des Nachtmahrs erinnert, indem es sich auf die Brust des Schlafenden setzt, um ihm Atem und Blut zu stehlen.[58] Nach und nach erkennt er diesem Wesen Realität zu, betrachtet sich als dessen Gefangenen.[59] Er begreift den Horla als lebenslangen Begleiter der Menschheitsgeschichte, als Auslöser und Vorbild

---

[54] ebd, 318
[55] Poe, Edgar Allan: „Metzengerstein." In: „The Complete Tales and Poems of Edgar Allan Poe", Penguin Books, London, 1982.
Übersetzung nach: „die Lehre der Seelenwanderung... viele geheime Anhänger hatte".24
[56] Hoffmann, Die Abenteuer der Silvesternacht, 192
[57] Cogny, 62
Übersetzung nach Schneider: „Ich bin krank, kein Zweifel" 149
[58] ebd, 64, 69
[59] ebd, 86

für den Magieglauben: „Il est venu, Celui que redoutaient les premières terreurs des peuples naifs, celui qu'exorcisaient les prêtres inquiets, que les sorciers évoquaient par les nuits sombres..."[60]

Theodor schlittert in die Domäne des Magischen wegen seiner unausweichlichen Anziehung durch das titelgebende Gebäude. Wie in Maupassants Werk äußern sich die Anzeichen für eine Verhexung zunächst in einem krankhaften Charakter, wie regelmäßig wiederkehrenden visionären Anfällen, die zunächst „nur [in] schnell vorübergehende[n] Momente[n]"[61], später dann zu genau festgesetzten, auch wieder magisch besetzten Zeitpunkten wie der Mitternacht auftreten.[62] Wie sein französischer Leidensgenosse „[fährt er] zuweilen aus dem Schlaf auf..., wie plötzlich durch äußere Berührung geweckt, und dann war es [ihm] doch deutlich, dass nur der Gedanke an das geheimnisvolle Wesen...[ihn] geweckt hatte..."[63]. Als das Spiegelbild der vermeintlichen Bewohnerin des öden Hauses ihm immer häufiger erscheint, lässt sich der magische Charakter des Geschehens nicht mehr plausibel verleugnen, erst recht nicht, wenn dieses Bild im Rapport auch seinem Arzt erscheint.[64]

Spikher ist zu sehr verstrickt in den magischen Kontext, als dass er ihn als solchen wahrnehmen könnte. In „Die Abenteuer der Silvesternacht" wird der Einbruch des Übernatürlichen kaum hinterfragt. Den Verlust seines freien Willens teilt Spikher mit den Protagonisten der bereits zitierten Texte, ohne jedoch wie diese unter krankhaften Symptomen zu leiden. Giulietta führt seinen Willen: Sie veranlasst den Mord bzw. die Überschreibung der Familie an Dapertutto. Die Überlassung seines Spiegelbildes als das eigentlich magische Geschehen erscheint ihm zunächst nicht durchführbar. Doch zieht er Giuliettas Ansinnen durch ihr Flehen und ihre „heißen Küsse" nicht weiter in Zweifel.[65]

---

[60] ebd, 90
Übersetzung nach Schneider:„ER ist da...den die primitiven Völker fürchteten; ...den die Priester angstschlotternd exorzierten, den die Zauberer in finsteren Nächten anriefen..."166
[61] Hoffmann, „Das Öde Haus."182
[62] ebd, 186
[63] ebd, 182
[64] ebd, 185
[65] Hoffmann, „Die Abenteuer der Silvesternacht", 339

Ebenso akzeptiert Friedrich Metzengerstein die magische Prägung des Geschehens. Das plötzliche Auftauchen des herrenlosen Pferdes, das zusammenfällt mit der Belebung und dem Verschwinden seines Abbildes aus der Ahnengalerie, erregt ihn nur kurz.[66] Er nimmt die Herausforderung seines Nachbarn an. Ebenso wie bei den anderen Opfern verläuft der Schaden graduell, zunächst äußert er sich genau wie bei Theodor in der Vernachlässigung seiner Verpflichtungen.[67] Die Angst, mit der er schließlich jedes Mal das Pferd besteigt und die möglicherweise immer länger dauernden „Reitanfälle" zeigen, dass er der magischen Macht immer weniger widerstehen kann, ihr schließlich erliegt.

Der Protagonist von „La Chevelure" nimmt den magischen Charakter nicht als ungewöhnlich zur Kenntnis, er stellt ihn nicht in Frage.

Häufig treten warnende Stimmen auf, die dem Protagonisten die Abwendung seines Schicksals ermöglichen könnten.

In „Le Horla" ist es das Gespräch mit Dr. Parent. Aus ihm könnte der Tagebuchautor schließen, dass er das Opfer eines von zwar fremder, aber durchaus menschlicher Seite, induzierten mesmeristischen Angriffs ist. Dies trifft im Falle Theodors zu, als er schließlich durch das Gespräch bei der Abendgesellschaft seinen Zustand erkennt. Doch haben sich bereits vorher immer wieder Warnungen angekündigt, etwa in dem Passanten, der ihn bei der Betrachtung der vermeintlichen Bewohnerin auf die Möglichkeiten einer optischen Täuschung hinweist,[68] oder in seinen Freunden, die ihm eine geistige Erkrankung nahe legen.[69] Erasmus Spikher schlägt die warnende Stimme seines Landsmannes Friedrich nicht etwa aus freien Stücken in den Wind, hatte ihn diese doch völlig von der Rückkehr in die Heimat überzeugt.[70] Zu diesem Zeitpunkt ist er bereits zu sehr in Giuliettas magische Ränke verstrick. Friedrich von Metzengerstein dagegen lässt sich ganz bewusst auf ein Machtspiel mit seinem geisterhaften Konkurrenten ein.

---

[66] Poe, 675
[67] ebd, 676
[68] Hoffmann, „Das Öde Haus". 181
[69] ebd, 184
[70] Hoffmann, „Die Abenteuer der Silvesternacht".337

Ein Zeichen der Machtlosigkeit der Opfer ist die Tatsache, dass sie die Namen ihrer Peiniger häufig nicht kennen. Dieses Wissen verleiht in der magischen Logik Macht. Die tote Verführerin in das Haar bleibt namenlos, Theodor erfährt den Namen seiner Widersacherin erst im Nachhinein durch Dr. K und den Fürsten P. In Poes Text genießt diese Namenlosigkeit sogar eine besondere Betonung, indem sie einen Punkt auf der Beweisliste, die den magischen Charakter des Pferdes nahe legen, ausmacht. Hier wird vermerkt, dass der Besitzer dieses Tier nicht benennt, „although all the rest in his colleciton [of horses] were distinguished by characteristic appelations."[71]

2.2.1.3. Soziale Dimension des Magieglaubens

Eine soziale Dimension des Magieglaubens wird bei der Betrachtung gebildeter und ungebildeter Typen in den Texten deutlich. Während gebildete Kreise das Geschehen wissenschaftlich erklären, neigt die zweite Gruppe zum Magieglauben. Im Gegensatz zum Prinzen in Schillers Werk, rekrutieren diese sich in den weiteren Texten aus der gesellschaftlichen Unterschicht.

Der Erzähler in „Le Horla" weist sich durch seine häufige Lektüre als Teil des gebildeten Kreises aus, genau wie Theodor, der den „Anregungen von Kunst und Wissenschaft"[72] nach Berlin gefolgt ist. Dass ihre Probleme magischen Ursprungs sind, ziehen sie häufig gar nicht erst in Betracht, neigen sogar eher dazu, die Geschehnisse als Einbildung ihrer kranken Psyche zu interpretieren.

Theodors erstes geistersehreisches Erlebnis beruhte auf den Erzählungen seiner Amme. Er glaubte, ein Monster habe ihn beim nächtlichen Betrachten seines Spiegelbildes aus dem Spiegel heraus angeschaut.[73] Hier sehen wir sehr deutlich die Konnotation des Alten, die abergläubische Kinderfrau, mit dem Neuen, Theodor als Kind. Die magische Weltsicht zeigt sich als noch hinter vorgehaltener Hand, eher von den unteren Gesellschaftsschichten, weitergeleitetes System. Als Handwerker scheint auch der Konditor dem Kreis der wenig gebildeten Magiegläu-

---

[71] Poe, 677
Übersetzung nach: „obgleich alle übrigen Pferde seines Stalles durch charakteristische Namen gekennzeichnet waren."31
[72] Hoffmann: „Das Öde Haus", 167
[73] ebd, 180

bigen anzugehören; er vermutet ein mögliches Spukgeschehen in seinem Nachbarhaus.[74]

Eine ganz ähnliche Situation finden wir auch in „Le Horla". Als der Tagebuchschreiber genau die Symptome, unter denen er selbst vorher gelitten hatte, bei seinem Kutscher vorfindet, meint dieser er werde vom Schicksal verfolgt.[75] In dieselbe Richtung verweist die Erzählung des Mönchs. Als Repräsentant des Alten, der längst an Bedeutung eingebüßt habenden Kirche, erzählt er dem Reisenden eine Fischerlegende, also eine des einfachen Volkes. Danach soll nachts ein gesichtsloser Hirte ein Ziegenpaar mit menschlichen Gesichtern über das Watt führen, die sich in einer Fremdsprache unterhalten.[76]

In Poes Text „Metzengerstein" erkennt als erstes das Volk die magischen Bewandtnisse mit der anscheinend neu erwachten Reitleidenschaft des Adligen, neben anderen Begründungen kursieren „dark hints, of a more equivocal nature, [which] were corrent among the multitude."[77] Bezeichnenderweise ist es ein missgestalteter Stallbursche, der selbst in der Unterschicht keinerlei Achtung genießt, der die entscheidende Information liefert, die eine magisch-übernatürliche Konstellation in der Beziehung von Ross und Reiter nahe legt, und nicht eine besondere Zuneigung. Er will bemerkt haben, dass Friedrich „never vaulted into the saddle without an unaccountable an almost imperceptible shudder",[78] bei der Rückkunft jedoch stets „an expression of triumphant magignity"[79] sein Gesicht verzerre. Die Zweifel an Zuverlässigkeit und Belang dieser Aussage verstärkt die Erzählerinstanz durch Herabwiegeln, indem sie betont, dass es kaum der Mühe wert sei, dessen Worte zu wiederholen.[80]

---

[74] ebd, 172
[75] Cogny, 69
[76] ebd, 68
[77] Poe, 677
Übersetzung: „...während im Volk noch schlimmere, zweideutigere Vermutungen laut wurden." 31
[78] ebd, 677
Übersetzung nach Schneider:„nie ohne einen unerklärlichen, kaum unterdrückbaren Schauder in den Sattel" stieg 31
[79] ebd, 678
Übersetzung nach Schneider: „Ausdruck triumphierender Bosheit" 32
[80] ebd, 177

Diesen Meinungen gegenüber stehen die einer gebildeten, oft wissenschaftlichen Elite: Dr. Parent erklärt unter Bezug auf die Erkenntnisse des Mesmerismus die Entstehung des Magieglaubens. Der Hausarzt der Metzengersteins führt das seltsame Benehmen seines Patienten auf „morbid melancholy, and hereditary ill-health"[81] zurück. Bezeichnenderweise ist der Arzt, der Theodor schließlich Einsicht in seinen eigenen Zustand verschafft, und dabei jedes dämonische Wirken ausschließt, jung, seine magische Beherrscherin hingegen alt.[82]

2.2.1.4. Entdeckung des Magiecharakters

Bei der Entdeckung des Magiecharakters oder des Übersinnlichen gehen die Protagonisten, bei denen eine solche Entdeckung überhaupt stattfindet, nach rationalen Kriterien vor, etwa in der teilweise experimentellen Beobachtung wie bei Maupassants „Le Horla" oder aber in der Bestätigung durch einen anerkannten Wissenschaftler wie Dr. K. in Hoffmanns Text „Das Öde Haus". Bemerkenswert ist dies insofern, da Empirie und Magie einander eigentlich ausschließen.

Dass es sich bei den Schwierigkeiten, denen gegenüber sich die Protagonisten sehen, um magisch induzierte handelt, erkennen nicht alle selbst. Der Held von „La Chevelure" fühlt sich völlig zu Unrecht hinter Schloss und Riegel der Nervenheilanstalt gebracht. Hätte der Erzähler der Rahmenhandlung bei der Berührung des Haarbündels nicht ganz ähnliche Empfindungen, wäre jeder Zweifel an seinem Wahnsinn widerlegt. Ansonsten wird hier das magische Geschehen nicht hinterfragt.

In Poes Text ist es ebenfalls nicht der Protagonist, der die Ereignisse problematisiert, sondern der Erzähler, der sehr widersprüchlich agiert: Einerseits zieht er die Aussage des Stallburschen in Zweifel, andererseits führt er eine geradezu akribische Beweisliste zugunsten der magischen Qualität des Geschehens. „There were circumstances…wich…gave an unearthly and portentous character to the mania of the rider",[83] wie etwa die auffällig weite Sprungdistanz des Tieres, seine Namenlosigkeit,

---

[81] ebd, 677
Übersetzung nach Schneider: „morbide Melancholie und erbliche Belastung"31
[82] Hoffmann, „Das Öde Haus", 186
[83] Poe, 677
Übersetzung nach Schneider: „[Mancher] Umstand gab…der Manie des Reiters …einen geisterhaften, unheimlichen Charakter"

die Tatsachen, dass der Baron seinem Personal keinerlei Umgang mit ihm gestattet, und dass seine Finder sich nicht erinnern können, das Pferd jemals berührt zu haben.

Eine gewisse Widersprüchlichkeit zeichnet auch Theodor aus. Einerseits steht er dem Übersinnlichen offen gegenüber, doch immer wieder bezeichnet er sich selbst als einen überspannten Geisterseher,[84] findet er ganz rationalistische Erklärungen für die Ereignisse.[85] Das immer wiederkehrende Spiegelbild der Unbekannten und seine regelmäßig auftretenden Phasen von Unwohlsein und geistiger Abwesenheit schreibt er einer nervösen Erkrankung zu, dem in „Reils Buch über Geisteszerüttungen" behandelten „fixen Wahnsinn"[86]; schließlich hält er sich durch die wissenschaftlichen Diskussionen bei der Abendgesellschaft für das Opfer eines mesmeristisch induzierten Fernrapports[87]; eine Vermutung, die ihm Dr. K nur teilweise bestätigen kann mit dem Hinweis auf die völlige Unerklärbarkeit der Induktion des Spiegelbildes.[88]

Der Held in „Le Horla" ist ebenfalls eher dazu geneigt, das Magische weniger als Geschehen, denn als krankhaften Zustand seiner Wahrnehmung zu interpretieren. Vor seiner Parisreise hatte er durch eine wissenschaftliche Versuchsreihe die Existenz seines unsichtbaren Mitbewohners nachgewiesen, ja dessen Wesen näher bestimmt durch die Erforschung seiner Ernährungsgewohnheiten, wie aus den Eintragungen vom 5 bis zum 10 Juli ersichtlich wird.[89] Trotz dieser Erkenntnisse zweifelt er weiterhin: „Comme notre tête est faible et s'effare, et s'égare vite, dès qu' un petit fait incopréhansible nous frappe"[90], konstatiert er in Paris. „Au lieu de conclure par ces simples mots: ‚Je ne comprends pas parce que la cause m'échappe'…nous imaginons aussitôt ….des puissances surnaturelles."[91] Bei der Abendgesellschaft, in der Dr. Parent seine

---

[84] Hoffmann, „Das Öde Haus", 169
[85] ebd, 170
[86] ebd, 184
[87] ebd, 190
[88] ebd ,201
[89] Cogny, 69-72
[90] ebd, 73
Übersetzung nach Schneider: „Wie schwach ist doch unser Verstand, und wie leicht lässt er uns doch im Stich, sobald etwas Unbegreifliches passiert"
[91] ebd, 73

mesmeristischen Fähigkeiten vorführt und das Wesen des Magieglaubens näher erläutert, erhält der Erzähler im Unterschied zu Theodor nicht die Lösung seiner Probleme. Durch Recherche, etwa die Lektüre eines wissenschaftlichen Magazins, in der eine in Südamerika wütende Wahnsinnsepidemie für den Zustand des Protagonisten diagnostiziert wird, oder des fingierten Werkes von Hermann Herestrauss[92] erhält er verschiedene Erklärungsansätze, aus denen er seine eigenen Schlüsse zieht: Im Horla glaubt er die Instanz, die letztlich Wurzel des Magieglaubens ist, also ein teufelsähnliches Wesen erkannt zu haben.[93]

2.2.1.5. Wissenschaftliche Deutung von Magieglaube und -wirkung

Wissenschaftliche, in diesen Fällen mesmeristische, Deutung des Magieglaubens und der magischen Wirkung finden sich ausgeprägt in „Le Horla" und „Das Öde Haus". Während in der Erzählung „Die Abenteuer der Silvesternacht" und in Poes Text das magische Geschehen keinerlei Interpretation und Infragestellung erfährt, sanktioniert es die Psychologie in „La Chevelure" als Wahnsinn.

Die Erklärungen wie auch der Zeitpunkt und die Situation der Abendgesellschaft der beiden erstgenannten Beispiele sind einander so ähnlich, dass ich an dieser Stelle behaupten möchte, dass Maupassant sich ganz klar auf Hoffmann bezogen hat. Wie bereits mehrfach erwähnt halten beide Protagonisten das Geschehen zunächst für Auswüchse ihrer überreizten Fantasie. Dass es sich dabei jedoch um einen magnetischen Fernrapport handeln könnte, suggerieren die Akteure bei den Abendgesellschaften. Dabei wird der Magieglaube an sich erklärt unabhängig von der Situation des Helden, nach der wissenschaftlichen Meinung der Zeit.

In Hoffmanns Werk „Das Öde Haus" bringt ein junger Arzt Alt, den Magieglauben, und Neu, den Mesmerismus, miteinander in Einklang. Der Mediziner bezieht sich ganz offen auf die zeitgemäßen Thesen eines Gotthilf Heinrich Schubert. Er weist auf die früher sicherlich magische Interpretation der Entste-

---

Übersetzung nach Schneider: „Anstatt einfach zu denken: Ich verstehe es nicht, weil ich die Ursache nicht kenne, glauben wir gleich an …übernatürliche Mächte." 156
[92] ebd, 78
[93] ebd, 90

hung von Déjà-Vues hin, und behauptet, dass eine Möglichkeit bestünde, ein ahnungsloses Opfer durch mesmeristischen Fernrapport zu beherrschen. Damit bringt er den Mesmerismus in einen Zusammenhang mit der „Lehre von Verhexungen, Zauberbildern, Spiegeln und andern unsinnigen abergläubischen Phantastereien längst verjährter alberner Zeit",[94] wie sich ein skeptischer Gast ausdrückt. Verhexungen führt er also auf einen magnetischen Fernrapport zurück, bei dem er jede Einwirkung dämonischer Kräfte ausschließt, jedoch auf eine Disposition des Opfers hinweist in Form „irgendeine[r] Abhängigkeit [oder] Schwäche des Willens"[95] Die ursprünglich magisch gedachte Sensibilität mancher Menschen, zu denen auch Theodor zählt, lässt sich auch auf den von Schubert postulierten sechsten Sinn zurückführen.

Dr. Parent führt den Aberglauben der alten Zeit auf eine unterentwickelte Intelligenz zurück, die nicht in der Lage war, befriedigende Erklärungen für das Unbekannte zu liefern: Deshalb nahm „cette hantise des phénomenes invisibles…des formes banalement effrayantes…De là sont nées les croyances populaires au surnaturel, les légendes…des gnomes…, je dirai même la légende de Dieu…"[96] Im Mesmerismus hofft Parent Antworten auf offen gebliebene Fragen zu erhalten. Genau wie in „La Chevelure" ist Wahnsinn ein weiterer Ansatz zur Erklärung der Geschehnisse, während der Tagebuchautor selbst eher eine spiritualistische Richtung befürwortet.

2.2.1.6. Funktion

Welche Funktion erfüllt nun das Magische? In E.T.A. Hoffmanns Werk „Das Öde Haus" klingt eine gewisse Wissenschaftsskepsis des Autors an, insofern an als auch ihre Erklärungsmöglichkeiten begrenzt sind. Dr. K. ist schließlich nicht in der Lage, das gesamte Ausmaß des Geschehens, vor allem die Induktion des Spiegelbildes zu erklären. In „Die Abenteuer der Silvesternacht" dient das Magische eher zur bildhaften Ausschmückung der Gefühlslage des Reisenden Enthusiasten. Die

---

[94] Hoffmann, „Das Öde Haus", 187
[95] ebd, 189
[96] Cogny, 74f
Übersetzung nach Schneider: „nahm die Besessenheit gegenüber unsichtbaren Phänomenen erschreckende Formen an …Damals verfiel man dem Aberglauben, es entstanden die Legenden und Märchen von Gespenstern und Gnomen, …, die Legende von Gott…gleich, welche Religion sie überliefern mag…" 157

gesamte Erzählung Spikhers könnte man vor diesem Hintergrund als Gleichnis auf die Situation des Reisenden Enthusiasten betrachten, der die erfüllte Liebe ablehnt, ob nun in der gesellschaftlich sanktionierten Form der Ehe, oder ihrem Gegenteil, der Liebe zum Selbstzweck. Bei Poe vermute ich eher sogar ein in gewisser Hinsicht politisches Interesse: Die Magie löscht schließlich ein Adelsgeschlecht aus, das ja seinen Herrschaftsanspruch aus dem Gottesgnadentum, also einer übernatürlichen Quelle, bezieht. Bei Maupassants Erzählung „La Chevelure" wird das Unerklärliche hingegen als Wahnsinn abgetan; in „Le Horla" weist der Autor auf die Lückenhaftigkeit des naturwissenschaftlich positivistischen Weltbildes hin, das nicht weniger spekulativ zu sein scheint als das der Magie.

Trotz der Wissenschaft, von der man ja für mehr Einsicht und Transparenz der Welt erhofft, bleibt die Welt rätselhaft. Das neue Weltbild ist genauso von Angst vor finsteren Mächten geprägt wie es das alte war. Vor allem bei Maupassant wird deutlich, dass die Angst vor dem Unbekannten noch immer dieselbe Qualität besitzt. Was vorher Angst vor einer Verhexung war, ist jetzt die Angst vor Krankheit körperlicher oder geistiger Natur. Lohnenswert wäre sicherlich auch eine Untersuchung von Motiven wie etwa das des Spiegels oder Doppelgängers in Zusammenhang mit magischem Denken.

An der Forschungsliteratur muss ich bemängeln, dass sie, mit Ausnahme des Freiherrn Lorenz von Stackelberg, zu sehr ins Psychologische abgleitet, dagegen kaum die nähere Natur des Übernatürlichen betrachtet, das ja sehr eng mit dem immer noch virulenten Magieglauben zusammenhängt, und schließlich ein Hauptcharakteristikum der fantastischen Literatur ausmacht.

2.2.2. Das Neue

2.2.2.1. Mesmerismus

Zur Illustration des Neuen, des scientizistischen Weltbildes, habe ich mit dem Mesmerismus ein äußerst umstrittenes Wissenschaftsparadigma gewählt. Vom heutigen Standpunkt aus betrachtet, entbehren die mesmeristischen Theorien jeglicher Beweiskraft, ein Umstand, der auch seine Geschichte begleitet hat. Dennoch genoss er, wo er keine akademische Anerkennung gewinnen konnte, hohes Ansehen selbst in intellektuellen

Kreisen und ist als Vorläufer der Psychologie von Belang. Eine Beschäftigung mit dem Mesmerismus als dem Neuen mag zunächst in Hinblick auf die untersuchten Autoren fragwürdig erscheinen, fielen Entstehung und erster Höhepunkt doch ins ausgehende 18. Jahrhundert, also hundert Jahre vor der Entstehung von Maupassants Werk „Le Horla". Doch wurde der Mesmerismus in modifizierter Art immer wieder neu entdeckt: Hoffmanns Beschäftigung mit dem Thema fiel in die Zeit einer ersten Etablierung des Mesmerismus an deutschen Hochschulen; in den dreißiger und vierziger Jahren des vorletzten Jahrhunderts wurde er in den USA populär, während er gegen Ende des neunzehnten Jahrhundert in psychologischer Hinsicht eine Renaissance erlebte.

Mesmerismus verbindet sich insofern mit dem Alten, in Form der Magie, als er Erklärungsmuster dafür zu bieten glaubt und damit eine Überwindung des magischen Denkens darstellt. Angst löst er durch seine missbräuchliche Anwendung aus, man könnte ihn insofern in seiner Wirkung mit der Schadensmagie gleichsetzen.

Innerhalb der fantastischen Literatur ist der Mesmerismus jedoch nicht nur von thematischer Bedeutung als neues Erklärungsmuster, vielmehr schlägt er sich auch auf die Technik des Schreibens an sich nieder. Ingrid Kollak begreift ihn als Auslöser romantischen Schreibens, das ja in gewisser Hinsicht die Fantastik begründet hat: „In der Absicht, starre Wahrnehmungsweisen zu irritieren, ist die romantische Literatur mit der mesmerischen Therapie vergleichbar. Die Starrheit, denen diese entgegentritt, sind Paralysen der Nerven…Die Schranken, die [der Poet] zu überwinden hofft, sind die der Klassifizierungen…"[97] In dieselbe Richtung weist auch Jürgen Barkhoffs These:„…wie die Zauberkraft der Poesie hat die Magnetisierung als eine säkulare Fortschreibung magischer Praktiken im Zeitalter der Ausdifferenzierung von Wissensstrukturen in die wissenschaftliche und künstlerische Sphäre zu gelten."[98] Darüber hinaus behaupten viele Autoren, ihre Werke in einem dem mesmeristischen Schlaf ähnlichen Rauschzustand verfasst zu haben. E.T.A. Hoffmann soll gesagt haben, dass aber auch die Zuhilfe-

---

[97] Kollak, Ingrid: „Literatur und Hypnose. Der Mesmerismus und sein Einfluss auf die Literatur des 19. Jahrhunderts". Campus, Frankfurt a. M. , 1997.s37
[98] Barkhoff, Jürgen: „Magnetische Fiktionen. Literarisierung des Mesmerismus in der Romantik". Stuttgart, Weimar, 1995. S 221

nahme hochprozentiger Getränke Geistersehen und Romaneschreiben erleichtere.[99]

Die zu untersuchenden Autoren haben sich vielfach mit diesem Thema beschäftigt aus unterschiedlichen Motiven: Trotz einer freundschaftlichen Beziehung Hoffmanns zu dem führenden Berliner Mesmeristen David Ferdinand Koreff, den er in seiner Werksammlung „Die Sepionsbrüder" in der Figur des Vinzenz[100] verewigt hat, behandelt er den Mesmerismus kritisch, vor allem in den Werken „Der Magnetiseur" und „Das Öde Haus". Als wissenschaftlich interessierter Journalist thematisiert Poe den Mesmerismus in den Texten „Mesmeric Relevations", „The Facts in the Case of M. Valdemar" oder „A Tale of the Ragged Mountains". Wissenschaft war „kreativer Impulsgeber" für ihn.[101] Guy de Maupassant beschäftigte sich mit mesmeristischen Theorien wohl vor allem aufgrund seiner psychologischen Interessen in den Erzählungen „Magnétisme" und „Le Horla".

In Schillers Werk finden wir dagegen keine direkte Thematisierung, doch trägt die Figur des Armeniers nach Ingrid Kollaks Auffassung Züge eines Mesmeristen.[102]

Wegen der fundamentalen Bedeutung des Mesmerismus für die fantastische Literatur soll nun zunächst abweichend vom sonstigen Aufbau dieser Arbeit der Mesmerismus in einigen groben Grundzügen geschildert werden. Die Untersuchung seiner literarischen Verarbeitung vor allem in den Erzählungen E.T.A. Hoffmanns „Das Öde Haus" und in Guy de Maupassants „Le Horla" wird drei zentrale Gemeinsamkeiten herausstellen: Erstens die Thematik von Wahrnehmung und Blick, zweitens die mesmeristische Praxis und ihr Missbrauch, drittens den bis zur Hybris gesteigerten Wissenschaftsoptimismus.

2.2.2.2. Grundzüge des Mesmerismus

Diese Lehre geht auf den Wiener Arzt Franz Anton Mesmer (1734-1815) zurück. In seiner Dissertation „De planetarum influxu" aus dem Jahre 1766 hatte er den theoretischen Grund-

---

[99] Kollak, 135
[100] ebd, 95
[101] Schnackertz, Hermann Josef:„E. A. Poe und die Wissenschaften seiner Zeit." ???, Eichstätt, 1999. 22
[102] Kollak, 143

stein für seine Heilmethode gelegt. Darin heißt es: „Es gibt aber auch [neben der Schwerkraft] noch eine andere Art von Einfluss auf den belebten Organismus..., der eher unmittelbar von der Kraft, die über die weiten Himmelräume ergossen, das Innerste jeder Materie affiziert...[der] Magnetismus und die Elektrizität...könnten unter diesem Gesichtpunkt auch mit vollem Recht ‚Gravitas Animalis' genannt werden..."[103]

Andere Begriffe für diese Allflut kursieren, wie etwa der des „thierischen Magnetismus", oder des „Mesmerismus".[104] Eine Kraft wirkt also im gesamten Kosmos und damit auch im Körper des Menschen.

Seine Schrift gilt nun keineswegs als originell, vielmehr stellt sie ein Konglomerat dar aus älteren, alchemistischen Theorien eines Paracelsus, Robert Fludd oder und der neuen Wissenschaftlichkeit eines Isaac Newton.[105] Auch die daraus abgeleitete Praxis weist deutliche Parallelen zur zeitgenössischen Therapieform des Galvanismus auf. Beide Disziplinen gehen davon aus, dass Krankheit durch eine Stockung des inneren Flusses entstünde, die durch elektrische bzw. magnetische Impulse gelöst werden könne.[106] Ziel der mesmeristischen Praxis war die im Körper des Patienten gestockte Allflut wieder in Schwung zu bringen. Dies konnte auf verschiedenen Wegen geschehen: In der Einzeltherapie versetzte sich der Arzt durch Blickkontakt und Berührung des Körpers mit seinem Patienten in Rapport, einen geistigen Austausch, der laut Alexander Kluge soweit gehen konnte, dass der Patient sogar eventuelle Schmerzen bei seinem Arzt fühlen konnte.[107] Massenbehandlungen genossen wegen ihrer Spektakularität besonders hohe Anziehungskraft. Hermann Josef Schnackertz bezeichnet sie mit modernen Worten als eine „hypnotische Gruppentherapie vorwiegend psychosomatischer Störungen".[108] Das Zentrum dieser Séancen bildete das Bacquet, ein großer Blecheimer, in

---

[103] ebd, 16
[104] ebd, 60
[105] Darnton, Robert: „Der Mesmerismus und das Ende der Aufklärung in Frankreich". Carl Hauser Verlag, München, 1983. 23
[106] Blankenburg, Martin: „Der ‚thierische Magnetismus in Deutschland". In: Darnton, Robert: „Der Mesmerismus und das Ende der Aufklärung in Frankreich." Carl Hauser Verlag, München, 1983. S203
[107] Tap, Patricia: „E.T.A. Hoffmann und die Faszination romantischer Medizin". Düsseldorf, 1996. 50
[108] Schnackertz, 18

dem sich mesmerisiertes Wasser, Eisensplitter und Eisenstäben befanden, die sich Patienten auf die kranken Körperstellen legten.[109] Ähnlichkeiten mit der zeitgenössischen Elektrotherapie finden sich in der „stromkreisartigen" Sitzordnung der Patienten, die zur besseren Leitung der Allflut durch ein Seil miteinander verbunden waren.[110] Mesmer ging davon aus, dass die Eigenschaften des von ihm entdeckten Fluidums denen des elektrischen Stromes entsprachen. So fungierten Seile, Spiegel und Musik als „Allflutleiter"; während Bacquets und, im Falle einer Außensitzung, Bäume „Allflutbatterien" darstellten.[111] Die Patienten verfielen in konvulsische Zuckungen oder einen tranceartigen Schlaf.

Nachdem Mesmer in seiner Heimat zunehmend auf Ablehnung gestoßen war, wandte er sich 1775 nach Paris, wo er großen öffentlichen Beifall genoss. Seine Ideen fanden hier derart Anklang, dass sie durch seinen Anhänger den Marquis de la Fayette sogar in der neuen Welt Einzug hielten.[112]

Akademische Anerkennung blieb dem Mesmerismus jedoch weiterhin versagt, nicht etwa, weil man seine praktische Wirkung bei psychosomatischen Leiden bestritt, sondern vor allem wegen seiner nicht nachweisbaren Theorie, auf dessen wissenschaftlicher Korrektheit Mesmer jedoch ohne jeden Beweis weiterhin pochte. Der Mesmerismus entzieht sich vor allem deshalb der Beweiskraft, weil er weder von jedermann ausgeführt werden kann, noch bei allen Patienten wirkt.[113] Nicht zuletzt grenzte sein wissenschaftlicher Anspruch an Hybris: Er forderte, dass „die Erhaltung des Menschen künftig nicht mehr durch ungewisse Arzneymittel, wie durch unsicheres Glücksspiel bestimmt werde".[114] Für ihn bestand „kein Zweifel mehr, dass [er] mit vollen Rechte den Magnetismus als das einzige und allgemeine Mittel betracht[et], Krankheiten vorzubeugen, und sie zu heilen…" Er behauptete sogar, die Sonne mesmerisiert zu haben.[115]

---

[109] Darnton, 16
[110] ebd
[111] Kollak, 114
[112] Darnton, 82
[113] Kollak, 30
[114] ebd, 80
[115] Barkhoff, 203

Vor allem aufgrund der enthemmten Zustände der Patienten erregte die mesmeristische Therapie sittliche Kritik. Dies wird in der Meinung Imanuel Kants deutlich, der schreibt: „Wider diesen Unfug ist nun nichts weiter zu tun, als den animalischen Magnetismus magnetisieren und desorganisieren zu lassen...der Polizei aber zu empfehlen, dass der Moralität hierbei nicht zu nahe getreten werde..."[116] Auch stieß diese Therapie als ernstzunehmende Konkurrenz auf Ablehnung seitens der Schulmedizin. Ingrid Kollak bringt den Erfolg der mesmeristischen Heilmethode auf einen einfachen Nenner:„Bei Kopfschmerzen vor die Auswahl gestellt, Aderlässe, Blutegel...und eventuell noch kalte Bäder über sich ergehen lassen zu müssen oder aber Harmonikaspiel, Fußbäder und Passes, ziehen viele Patienten sicherlich die letzteren vor."[117]

Obgleich der Mesmerismus umstritten blieb, verschrieben sich durchaus namhafte Wissenschaftler immer wieder seiner Wirkung. In Deutschland berühmte Nachfolger Mesmers waren Karl Christian Wolfahrt und David Ferdinand Koreff (1783-1851). Dieser teilte das Schicksal mit dem 1815 verstorbenen Mesmer, indem auch er sich im Pariser Exil großen Zulaufs erfreute. Daneben fungierte er als „literarischer Handlungsreisender"[118] und führte das Werk seines persönlichen Freundes E.T.A. Hoffmann in Frankreich ein. Im Deutschland des frühen 19 Jahrhunderts genoss der Mesmerismus in der romantischen Medizin erstmals auch allgemeine akademische Anerkennung. Ausschlaggebende Werke sind Johann Christian Reils (1759 – 1813) „Rhapsodien über die Anwendung der psychischen Curmethode" (1803) oder Gotthilf Heinrich Schuberts „Ansichten von der Nachtseite der Naturwissenschaft" (1808). Vieles hoffte man damit erklären zu können, etwa die Wirksamkeit kirchlicher Sakramente.[119] Die romantische Wissenschaft schlug sich auch auf die Literatur nieder. Mancher romantische Literat, etwa Novalis, begriff sich als Wissenschaftler. Walther Gerlach führt die Rückständigkeit der deutschen Naturwissenschaft im frühen 19. Jahrhundert auf die Dominanz der romantischen

---

[116] Blankenburg, 194
[117] Kollak, 39
[118] Darnton, 129
[119] Blankenburg, 214

Wissenschaft zurück.[120] In den USA setzte sich der Mesmerismus in den dreißiger und vierziger Jahren des 19. Jahrhundert durch.[121]

Gegen Ende des neunzehnten Jahrhunderts beriefen sich die frühen Psychologen Jean Martin Charcot (1825-1893), der an der Pariser Salpetière forschte, und seine Konkurrenten Ambroise A. Liébeault (1823-1904) und Hippolyte Bernheim (1837-1919), die Väter der Schule von Nancy, auf die Wurzeln des Mesmerismus.

Heute wissen wir, dass die mesmeristische Wirkung auf Hypnose und suggestiver Heilung beruht; in gewisser Weise stellt der Mesmerismus damit eine Vorstufe zur Psychologie und vor allem Psychotherapie dar. Diesen Einfluss kann auch Siegmund Freud nicht leugnen, der sich wegen seines wissenschaftlichen Anspruchs nicht gern auf diese Quellen bezog, auch die Hypnose verwarf.[122]

2.2.2.3. Wahrnehmung und Blick

Ingrid Kollak macht auf die zentrale Bedeutung des Blicks und der Wahrnehmung in der mesmeristischen Praxis aufmerksam. So heißt es gleich im ersten Satz von Franz Anton Mesmers 1781 erschienener Schrift „Abhandlung über die Entdeckung des thierischen Magnetismus", dass der Mensch von Natur aus Beobachter sei.[123] Der Arzt mesmerisiert, heute würden wir sagen er hypnotisiert, hauptsächlich mit seinem Blick, der immer wieder in der Beschreibung prominenter Mesmeristen fokussiert wird. So bescheinigt Karl August Varnhagen Koreff „ein sprechendes Auge."[124]

Dieser Aspekt schlägt sich in den Werken nieder: Als allgemeine Erkenntnisquelle ist der autonome Blick der Protagonisten gestört; ferner stellt sich ein Bewusstsein für die Beschränktheit

---

[120] Gerlach, Walter: „Fortschritte der Naturwissenschaften im 19. Jahrhundert". In: Mann, Golo: „Propyläen Weltgeschichte. Das 19. Jahrhundert." Band 8, Frankfurt a. M., 1986. 238
[121] http://users.ipfw.edu/hume/poemesmeric.htm
[122] Singelin, Martin: „Mikroskopie der Psyche. Andreas Mayer sucht das Unbewusste Freuds im Hypnose-Labor". In: Frankfurter Allgemeine Zeitung, 17.01.2003, Nr. 14, S. 36
[123] Kollak, 143
[124] ebd, 142

menschlicher Wahrnehmung ein; auch der mesmeristischen Einsatz des Blicks wird beschrieben.

Beim Zugang zur Welt kommt dem Blick eine zentrale Bedeutung zu, in literarischen Werken wird vor allem das visuell Wahrgenommene beschrieben. Innerhalb der Fantastik versichern die Protagonisten immer wieder, dass sie Augenzeugen des Geschehens sind, dabei zeichnen sie sich oft durch eine gestörte Wahrnehmung aus.

Als erste Anzeichen seiner Erkrankung oder seiner Dominanz durch den Horla führt der Tagebuchautor seinen veränderten Blick an.[125] Später beklagt er: „mon oeil est si faible, si imparfait..."[126] Dabei hatte er sich vorher uneingeschränkt auf seine Wahrnehmung verlassen. Er hält sich nicht länger für verrückt, nachdem er Augenzeuge des Blumen pflückenden Horla geworden ist. Dem Experiment Dr. Parents steht er selbst dann noch skeptisch gegenüber, als seine Cousine die Befehle ausführt; erst als er sie aufmerksam betrachtet, vor allem ihren Blick, verfliegen seine Zweifel.[127]

Theodors Wahrnehmung ist fremdbestimmt. Dies legt ihm der Passant nahe, indem die vermeintliche Sichtung der Bewohnerin des öden Hauses einer „wunderliche[n] Täuschung" zuspricht.[128] Dasselbe gilt für Theodors Visionen, die ja eigentlich eine erweiterte Wahrnehmung versprechen.

Auf die Beschränktheit der menschlichen Wahrnehmung, vor allem der visuellen, machen der Mönch bzw. der „dem Mesmerismus ergebene Arzt"[129] aufmerksam. „Est-ce que nour voyons la cent millième partie de ce qui existe?"[130] fragt der Mönch. Das Unsichtbare ist Quelle der Angst, was sich nicht deutlicher zeigen könnte als im Zustand des namenlosen Tagebuchautors. Doch steht dem Menschen mit seiner Intelligenz ein Mittel zur Kompensation zur Verfügung: Obgleich vieles den menschlichen Sinnen verschlossen bleibe, „so [sei] doch soviel gewiss,

---

[125] Cogny, 61
[126] ebd, 92
Übersetzung nach Schneider: „Mein Auge ist so schwach und unvollkommen..." 167
[127] ebd, 77f
[128] Hoffmann, „Das Öde Haus".181
[129] ebd, 186
[130] Cogny, 68
Übersetzung nach Schneider: „Sehen wir denn den hunderttausendsten Teil dessen, was uns umgibt?" 152

dass uns die Natur das Talent und die Neigung der Maulwürfe nicht versagt [habe]."[131] gibt Hoffmanns Arzt zu bedenken. In dieselbe Richtung weisen die Bemerkungen Dr. Parents. Weniger an Intelligenz gekoppelt ist bei Hoffmann das Modell einer ins Übersinnliche erweiterten Wahrnehmung, das in der Rahmenhandlung beschrieben wird. Dort ist von der Sehergabe als sechstem Sinn die Rede, über die manche Menschen verfügen sollen, wie nach zeitgenössischer Theorie die Fledermäuse.[132] Bei Hoffmann steht eher die Erweiterung der Wahrnehmung im Vordergrund, er ist also ungleich optimistischer als Maupassant, etwa im Sinne des von Schubert und Arthur Schopenhauer vermuteten „Traumorgans".[133]

Anders als Theodor gelingt es dem Maupassant'schen Helden nicht, seine fehlerhafte Wahrnehmung als solche zu erkennen. Dadurch spricht er dem Horla Realität zu, der so nur bedrohlicher wirkt. Es ist gerade seine vermeintlich erweiterte Wahrnehmung, eine Alternative zur sinnlichen, die ihn in den Selbstmord führt, hat er doch aus seinen Beobachtungen, nicht nur den visuellen, folgendes geschlossen:„…je suis certain, maintenant, certain comme de l'alternance des jours de des nuits, qu'il existe près de moi un être invisible, qui se nourrit de lait et d'eau, qui peut toucher aux choses, les prendre et les changer de place, doué par conséquent d'une nature matérielle, bien qu'imperceptible pour nos sens…"[134] In der Praxis wirkt der Mesmerist vor allem durch intensiven Blickkontakt. So schaut Dr. Parent der Cousine scharf in die Augen, wovon auch der Protagonist affiziert wird.[135] Über das Medium des Spiegels tut das auch die Antagonistin in „Das Öde Haus". Als Theodor sie zu beobachten glaubt, stellt er in ihrem ungewissen Blick „etwas Todstarres" fest;[136] ein Eindruck, der sich unter der Zuhilfenahme des Spiegels rasch ändert, denn nun „war ihr Blick auf

---

[131] Hoffmann, „Das Öde Haus", 188
[132] ebd, 166
[133] Kollak, 145
[134] Cogny, 82
Übersetzung nach Schneider„Jetzt war ich sicher, so sicher, wie Tag und Nach einander folgen, dass neben mir ein unsichtbares Wesen existierte, das sich von Milch und Wasser nährte, das Dinge anfassen und von der Stelle rücken konnte, das demnach materieller Natur sein musste, auch wenn ich es nicht wahrnahm,.." 161
[135] ebd, 75
[136] Hoffmann, „Das Öde Haus", 179

[ihn] gerichtet und strahlte bis ins Herz hinein."[137] Die Mesmerisierung erfolgt während der Betrachtung der Bewohnerin, dabei wird Theodor „von einem seltsamen ganz unbeschreiblichen Gefühl, das [er] beinahe waches Träumen nennen möchte"[138] befallen. Er fühlt eine „Starrsucht" in seinem Blick, „den [er] nun niemals mehr würde abwenden können..." Als er die Bewohnerin tatsächlich trifft, fühlt er sich „wie durch den glühenden, durchbohrenden Blick der Klapperschlange" gebannt.[139]

Blick und Wahrnehmung sind bedeutende Elemente im Gesamtwerk Hoffmanns, so erschaudert Erasmus Spikher in „Die Abenteuer der Silvesternacht" immer wieder, wenn Giulietta ihm einen ihrer „recht seltsamen Blicke"[140] zuwirft. Ingrid Kollak macht auf die häufige Neigung Hoffmann'scher Helden aufmerksam, den Blick ihrer Angebeteten falsch zu deuten.[141]

Anders als bei Maupassant spielen optische Instrumente, ob nun Spiegel, die auch im Mesmerismus eine wichtige Funktion erfüllen, oder Ferngläser eine wichtige Rolle. Man könnte diese Metapher nun so erklären, dass mit dem fremden Objekt auch eine fremde Sicht der Dinge vermittelt wird, die häuft etwa in „Der Sandmann" böswillig eingesetzt werden.

Bei Maupassant steht der Blick des Helden in die Welt eine Rolle, also seine persönliche Wahrnehmung, die beeinflusst sein kann; bei Hoffmann hingegen steht eher das Aufzwingen einer fremden Sicht im Vordergrund.

2.2.2.4. Mesmeristische Praxis und Missbrauch

Die Ähnlichkeit der Krisen der Protagonisten deutet darauf hin, dass beide einer mesmeristischen Attacke zum Opfer gefallen sind. Ihre Symptome gleichen einander, beide beschäftigen sich mit dem Mesmerismus, werden schließlich im Rahmen einer Abendgesellschaft mit dem Thema und dessen Missbrauch konfrontiert, woraus sie unterschiedliche Konsequenzen ziehen. In beiden Werken treten Spiegel auf, die auch in der mesmeristischen Praxis von Belang sind.

---

[137] ebd, 180
[138] ebd,180
[139] ebd, 191
[140] Hoffmann, „Die Abenteuer der Silvesternacht", 336
[141] Kollak, 148

Beide Protagonisten leiden mit dem Verlust des eigenen Willens unter ähnlichen Symptomen. Der französische Held fühlt sich, als würde ihn „une force occulte" lähmen.[142] An anderer Stelle heißt es: „Quelqu'un possède mon âme et la gouverne!"[143] Er vermag kaum, sein Haus zu verlassen. Dass auch Theodor nicht mehr Herr seines Willens ist, wird deutlich, als er die Bewohnerin mit Hilfe eines Spiegels beobachtet: „Ich wollte den Spiegel von mir schleudern - ich vermochte es nicht".[144] „Alle Macht des Geistes reicht ...nicht",[145] wenn Theodor selbst in fröhlicher Runde seinen regelmäßigen, ohnmachtsähnlichen Zuständen erliegt. Am deutlichsten tritt die Parallele zwischen den beiden in ihren Schlafstörungen zu Tage: Dem Tagebuchautor kommt es nachts vor, als näherte sich ihm jemand, „[lui] regarde, [lui] palpe, monte sur [son] lit, s'agenouille sur sa poitrine, [lui] prend le cou entre ses mains et serre..."[146]. Auch Theodor fährt nachts aus dem Schlaf „wie plötzlich durch äußere Berührung geweckt..."[147]

Noch bevor die Helden auf ihrer jeweiligen Abendgesellschaft mit dem Problem des Mesmerismus konfrontiert werden, beschäftigen sie sich damit. Dadurch zeigt sich die Relevanz und Plausibilität des Mesmerismus. Der Tagebuchschreiber vermutet, dass er möglicherweise Opfer sei „une de ces influences contatées, mais inexplicables jusqu'ici, qu'on allelle suggestions".[148] Theodor begibt sich zu Dr. K in mesmeristische Behandlung, allerdings nicht, weil er zu diesem Zeitpunkt schon weiß, dass es sich bei seinem Leiden um eine mesmeristisch induzierte Attacke handelt, sondern wegen der besonders hohen

---

[142] Cogny, 84
Übersetzung nach Schneider: „eine unbekannte Kraft," 162
[143] ebd, 85
Übersetzung nach Schneider: „Etwas hat von meiner Seele Besitz ergriffen und beherrscht sie!"163
[144] Hoffmann, „Das Öde Haus", 180
[145] ebd,186
[146] Cogny, 64
Übersetzung nach Schneider: „der [ihn] mustert, anfasst, zu [ihm] ins Bett steigt, sich auf [seine] Brust setzt, mit seinen Händen [seinen] Hals umklammert und zudrückt..."150
[147] Hoffmann, „Das Öde Haus", 182
[148] Cogny, 72
Übersetzung nach Schneider: „jene[s] Einfluss[es] ..., den man zwar festgestellt, aber noch nicht restlos geklärt [habe] und der Suggestion genannt [werde]..."154

Heilerfolge des Mesmerismus bei geistigen Krankheiten.[149] Die mesmeristische Praxis verrät auch hier schon eine gewisse Nähe zur psychologischen: Dr. K hört sich zunächst genau an, was sein Patient ihm zu erzählen hat, empfiehlt ihm dann eine Ablenkungstherapie. Er folgt damit den Anweisungen Reils,[150] der als erster deutscher Psychologe gilt.

Die Konfrontation der Protagonisten mit dem Mesmerismus geschehen eher zufällig auf Abendgesellschaften. In „Le Horla" lässt sich der ungläubige Protagonist die Praxis mittels seiner Cousine vorführen. Die Worte des Dr. Parent bleiben sehr vage. Die „résultats surprentants",[151] deren Weg Mesmer gewiesen haben soll, erfahren hier keine nähere Präzisierung. Die skeptischen Gäste kann nur der positivistische Beweis überzeugen. Der Mesmerismus wird hier nicht wie bei Dr. K etwa als Heilmittel eingesetzt, sondern als Beweis. Die Wirkung des Rapports geht dahin, dass die Cousine unter seinem Einfluss eine hellseherische Begabung entwickelt, eine Ansicht, die die frühen Mesmeristen und romantischen Mediziner wie Kluge sie in seinem Werk „Versuch einer Darstellung des animalischen Magnetismus als Heilmittel" vertreten hatte.[152] Dr. Parent setzt seine Kraft nun insofern missbräuchlich ein, als er über den geforderten Beweis hinaus, seine Macht auf Kosten der Cousine ausspielt und ihr einen sie demütigenden Befehl erteilt, unter dessen Ausführung sie ihr Wesen komplett wandelt, daneben leidet sie auch physisch.

Hoffmann kontrastiert den angemessenen Gebrauch mesmeristischer Fähigkeiten mit deren Missbrauch. Dr. K und der Arzt aus der Binnenerzählung des Gastes setzen ihn zu Heilzwecken ein, bis zur Selbstaufopferung, denn durch den Rapport befällt das Leiden ihrer Patienten auch sie. Wenn Dr. K. sich mit Theodor durch die Berührung der Wirbelsäule in Rapport versetzt, kann auch er das falsche Spiegelbild erkennen und leidet.[153] Der Arzt aus der Erzählung des Gastes muss die Behandlung schließlich abbrechen, „da er selbst beim Magnetisieren des Kranken von einem unerträglichen Gefühl des Übelseins ergrif-

---

[149] Schnackertz, 18
[150] Tap, S.115
[151] Cogny, 75
Übersetzung nach Schneider: „wirklich erstaunlichen Ergebnisse" 157
[152] Tap, 48
[153] Hoffmann, „Das Öde Haus" 185

fen wurde."[154] Eine solche Auffassung verfocht Alexander Kluge.[155]

Dieser positiven Nutzung gegenüber steht die selbstsüchtige der Frauen, die anscheinend lediglich ihre Rachegelüste befriedigen wollen. Die Gräfin wünscht ihre damals verhinderte Hochzeit nachzuholen, die Italienerin aus der Erzählung des Gastes hat den Offizier, ihren offensichtlich untreu gewordenen Liebhaber, damit auf Leben und Tod an sich gekettet.[156] Wahrscheinlich haben sie ihre Kraft nicht bewusst als mesmeristische ausgeübt, sondern im Glauben, Liebeszauber zu wirken.[157] An dieser Stelle möchte ich Patricia Tap widersprechen, die behauptet, dass Theodor offensichtlich unwissentlicher Mesmerist sei.[158] Ich gehe vielmehr davon aus, dass er mit einer „Schwäche des inneren Willens..."[159] oder einer „geistigen Krankheit"[160] die Disposition des Opfers eines mesmeristischen Angriffs erfüllt.

Die Protagonisten ziehen unterschiedliche Konsequenzen aus ihrer Konfrontation mit dem Mesmerismus. Während Theodor sich in der Erkenntnis seines eigenen Zustandes ein Schlüsselerlebnis offenbart, erhält der Held in Maupassants Werk lediglich ein weiteres mögliches Erklärungsmodell, das er letztlich verwirft.

Wichtiges Ingredienz der mesmeristischen Therapie ist der Spiegel, vor allem in seiner Funktion als Allflutspeicher und -verstärker. Eindrucksvoll schlägt sich die Spiegelmetaphorik in Hoffmanns Gesamtwerk nieder. So auch in der Erzählung „Das Öde Haus". Erst indem Theodor seine Peinigerin durch den Spiegel beobachtet, kann sie ihren Rapport voll ausführen. Er verfällt in den Zustand des „wache[n] Träumens".[161] Dass Dr. K von dem Spiegel als „Allflutbatterie" angesprochen wird, lässt sich aus seinen unangenehmen Empfindungen schließen. Wie es ihr gelungen ist, das Bild ihrer Tochter als Lockvogel in den

---

[154] ebd, 189
[155] Tap, 48
[156] Hoffmann, „Das Öde Haus", 190
[157] ebd, 189
[158] Tap, 118
[159] Hoffmann, „Das Öde Haus" 188
[160] ebd, 189
[161] ebd, 180

Spiegel zu induzieren bleibt im Dunkeln.[162] Dieses Geschehen finden wir auch in der anderen in dieser Arbeit untersuchten Erzählung „Die Abenteuer der Silvesternacht" wieder, als Julie sich statt des Reisenden Enthusiasten im Spiegel zeigt.[163]
Maupassant gestaltet seine Spiegelmetaphorik ganz ähnlich. Als seine Cousine, durch den Rapport zur Hellseherin geworden, Parents Visitenkarte als Spiegel betrachtet, beschleicht auch den Protagonisten ein seltsames Gefühl.[164] Die Visitenkarte trägt damit Züge der „Allflutbatterie". Klimax der Erzählung ist sicherlich die letztendliche Sichtung des Horla. Er zeigt sich im Spiegel, indem er den Protagonisten verdeckt, so dass er sich selbst nicht mehr wahrnehmen kann.[165] Dies könnte man so interpretieren, dass der Horla, als fixe Idee, sein eigentliches Ich unkenntlich macht. Dieser Spiegel ist genau wie der Theodors vordergründig gewöhnlicher Haushaltsgegenstand. Unabhängig vom Mesmerismus kommt ihm damit aber auch eine ganz entscheidende psychologische Funktion zu, nämlich die der von dem Psychoanalytiker Jacques Lacan beschriebenen Selbstvergewisserung.[166] Der Protagonist des französischen Werkes betreibt eine solche wohl recht intensiv, so mustert er sich im Spiegel „de la tête aux pieds, chaque fois que ja passais devant".[167] Vor allem die Überlagerung des eigenen Bildes durch ein fremdes deutet an, dass die Protagonisten nicht mehr sich selbst wahrnehmen, sondern das, was sie beherrscht.

2.2.2.5. Zwischen Optimismus und Hybris
Der Mesmerismus verstand sich als Teil der sich im ausgehenden achtzehnten Jahrhundert immer mehr etablierenden Naturwissenschaften, die zwiespältig aufgenommen wurden. Auf der einen Seite lösten sie überwiegend Optimismus aus, auf der anderen Seite herrschte jedoch vor allem die Angst vor der Hybris der Wissenschaftler. Besonders deutlich äußert sich diese

---

[162] ebd, 193
[163] Hoffmann, „Die Abenteuer der Silvesternacht"328
[164] Cogny, 76
[165] ebd, 95
[166] Asche, Susanne: „Die Liebe, der Tod und das Ich im Spiegel der Kunst. Die Funktion des Weiblichen in Schriften der Frühromantik und im erzählerischen Werk E.T.A. Hoffmanns." Anton Hain Verlag, Königstein, 1985. 6
[167] Cogny, 94
Übersetzung nach Schneider:„jedes Mal, wenn [er] daran vorbeiging, aus Gewohnheit von Kopf bis Fuß". 168

Ambivalenz in Mary Shelleys Roman „Frankenstein". Arthur Schopenhauer erhofft eine Zeit, „wo Philosophie, animalischer Magnetismus und die...Naturwissenschaft gegenseitig ein so helles Licht aufeinander werfen, dass Wahrheiten zutage kommen werden, welche zu erreichen man außer dem nicht hoffen durfte..."[168] Dass sich im 19. Jahrhundert Literatur als Teil oder Ergänzung zur Wissenschaft verstand, wird nicht erst am Anspruch eines Emile Zola deutlich, wenn man etwa Friedrich Schlegels (1772-1829) Forderung betrachtet, nach der alle Kunst Wissenschaft werden müsse, und alle Wissenschaft Kunst.[169]

In Bezug auf den Mesmerismus zeigt sich die Doppelbödigkeit der Wissenschaft in den Werken. Während bei Hoffmann der Optimismus überwiegt, steht Dr. Parent im Zeichen der Hybris, bzw. stellt der Tagebuchautor in Maupassants Text den Absolutheitsanspruch der Wissenschaft in Abrede, entlarvt die der Vorrangstellung des Menschen als Anmaßung.

Die Wissenschaftler aus beiden Werken weisen sich zunächst als Optimisten aus: Obgleich Dr. K. Theodors Symptome nicht gänzlich begreift, verleiht er seiner Zuversicht Ausdruck, ihm „recht bald mehr darüber sagen zu können."[170] Allgemeine Erklärungen erhofft der junge Arzt auf der Abendgesellschaft; er ist davon überzeugt, „dass der Magnetismus manches Geheimnis, das wir als gemeine schlichte Lebenserfahrung nun eben für kein Geheimnis erkennen wollen, zu erschließen scheint."[171] „So kämen wir" wirft ein Gast dem Arzt vor, „...auf die Lehre von Verhexungen, Zauberbildern, Spiegeln und andern unsinnigen abergläubischen Phantastereien längst verjährter alberner Zeit".[172] Der Arzt nun verurteilt den alten Magieglauben nicht, es habe nie eine „alberne" Zeit gegeben, „wenn wir nicht etwa jede Zeit, die der Menschen zu denken sich unterfangen mögen, mithin auch die unsrige, für albern erkennen wollen."[173] Mit Dr. Parent teilt er die Auffassung, dass vieles, was in der Vergangenheit einem magischen Kontext zugeschrieben wurde, sich mesmeristisch erklären ließe. Er akzeptiert den Magieglauben als vorwissenschaftliches Modell der Weltsicht. Auch Dr. Pa-

---

[168] Kollak, 144
[169] ebd, 33
[170] Hoffmann, „Das Öde Haus, 186
[171] ebd, 186
[172] ebd, 187
[173] ebd, 187

rent lernen wir zunächst als Optimisten kennen. Ohne konkret zu werden weist er hin auf die „résultats prodigieux obtenus par des savants anglais et par les médecins de l'école de Nancy".[174] Er glaubt, dass die Wissenschaften dabei seien, „de découvrir un des plus importants secrets de la nature",[175] die sich nicht nur auf unsere Erde beschränkt und verweist auf die Vorarbeiten, die der Mesmerismus dazu geliefert habe.

Dieser Optimismus steigert sich im Falle des Dr. Parent bis zur Hybris. Anders als Hoffmanns Arztfigur diskreditiert er das Alte, überhöht damit die Leistungen der eigenen Epoche, indem er folgende Prämisse vertritt: „Quand cette intelligence demeurait encore à l'état rudimentaire, cette hantise des phénomènes invisibles a pris des formes banalemten effrayantes. De la sont nées les cryance popuaires aus surnaturel..."[176] Er begreift den Magieglauben nicht wie der junge Arzt als alternatives, vorwissenschaftliches Medium der Weltdeutung, sondern führt ihn auf unterentwickelte Intelligenz zurück. Zu diesem Aberglauben zählt er letztlich auch „la légende de Dieu".[177] Sein Überlegenheitsgefühl und der Missbrauch seiner Macht drückt er schließlich in der Hypnose der Gastgeberin aus, die unter ihr sogar körperlich leidet.

Der Tagebuchschreiber kommt schließlich zur Einsicht, dass die Wissenschaft, wie Dr. Parent sie vertritt, ebenso fragwürdig wie der Magieglaube ist. Die einzig wirkliche Macht glaubt er im Horla zu erkennen. Die Fragilität des Menschen, den die Wissenschaft, vor allem die Medizin in den Fokus der Welt gesetzt hat, bewegt den Erzähler nun dazu, den Horla in Anlehnung an die Darwin'sche Evolutionstheorie als Nachfolger des Menschen ins Zentrum der Welt zu stellen.

---

[174] Cogny, 74
Übersetzung nach Schneider: „erstaunlichen Resultate.., die durch englische Gelehrte und Ärzte der Schule von Nancy erzielt wurden."156
[175] Cogny, 74
Übersetzung nach Schneider: „eines der wichtigsten Geheimnisse der Natur zu entdecken"156
[176] Cogny, 74
Übersetzung nach Schneider: Als diese Intelligenz noch unterentwickelt war, nahm die Besessenheit gegenüber unsichtbaren Phänomenen erschreckende Formen an. Damals verfiel man dem aberglauben."157
[177] Cogny, 15
Übersetzung nach Schneider :die Legende von Gott 157

2.2.2.6. Funktion

Auch Poe hat den Mesmerismus verarbeitet. Eine besondere Erwähnung verdient sicherlich die Erzählung „The Facts in the Case of M. Valdemar", deren Authentizität von vielen Lesern nicht bestritten wurde. Im Gewande eines wissenschaftlichen Tatsachenberichtes wird die Mesmerisierung eines Sterbenden beschrieben, der monatelang in einem Schwebezustand zwischen Leben und Tod gehalten worden ist. Als der Arzt ihn erweckt, verfällt der Proband augenblicklich der Verwesung anheim. Wahrnehmung und Blick spielen insofern eine Rolle, als der Erzähler immer wieder auf die sich ändernde Aktivität der Augen des Probanden hinweist. Die Details der Mesmerisierung entsprechen der gängigen Praxis. Der Arzt hat in seinem Experiment gottgleich die Grenzen zwischen Leben und Tod übertreten; um sich den Vorwürfen für ein solch anmaßendes Verhalten zu stellen, hat er diesen Bericht verfasst.

Die Verarbeitung des Phänomens Mesmerismus erfüllt in den hier untersuchten Texten durchaus identische Funktionen. Der Mesmerismus als Exponent von Wissenschaftlichkeit fungiert als Erklärungsmuster, auf dessen Lückenhaftigkeit die Autoren jedoch hinweisen. In dieser Hinsicht warnen die Autoren vor zu viel Hoffnung in diese Methode, die ja eine besonders hohe Popularität genoss. Hinzu kommt, dass ein Missbrauch zu schadhaften Folgen führt. Doch ist der Mesmerismus auch durchaus positiv besetzt, etwa in der Problematisierung der Uneindeutigkeit von Wahrnehmung. Außerdem hat er das Bewusstsein für die Vielschichtigkeit des Individuums geschärft, ein Aspekt, den ich unter der Dimension der persönlichen Fremdheit näher beleuchten möchte.

2.3. Gesellschaftliche Dimension

2.3.1. Adel in der fantastischen Literatur

Das 19. Jahrhundert gilt als das bürgerliche Zeitalter. Eine Marginalisierung des Adels hatte bereits im 18. Jahrhundert eingesetzt, lange vor der Revolution, etwa durch die zunehmende Besetzung höfischer Ämter mit Vertretern des sich etablierenden Bildungsbürgertums, das auch wesentlicher Träger der Aufklärung wurde. In einer säkularisierten Welt stieß das Gottesgnadentum als übernatürlichem Machtanspruch auf zunehmendes Unverständnis. Als gesellschaftliche Elite sah sich der Adel zum weiteren Rückzug gezwungen. Die Abkapslung von den niederen Gesellschaftsständen bedingt eine Entfremdung, der Adel ist fremd, unzugänglich. Weil man ihn oft nur durch gelegentliche, streng ritualisierte öffentliche Auftritte kennt, ist Spekulationen über dessen Lebensführung Tor und Tür geöffnet.

Literarisch trägt der englische Gothic novel diesen Entwicklungen Rechnung. Aufgrund des in England selbstbewußteren und mächtigeren Bürgertums schlägt sich eine tendenzielle Dämonisierung dieses Standes früher in der Literatur nieder als auf dem Kontinent.[178]

Im deutschsprachigen Raum hat Friedrich Schiller die Spannung zwischen selbstbewusstem Bürgertum und an Bedeutung einbüßendem Adel in seinen Bemühungen zur Etablierung eines bürgerlichen Trauerspiels aufgegriffen. In „Der Geisterseher" greift er den Adel in der Zeichnung des lebensuntüchtigen, schwärmerischen Prinzen an. Den Untergang eines Geschlechtes thematisiert er in den Schilderungen des eingekerkerten Sizilianers.

Nicht nur in den Texten, die hier untersucht werden, betreiben E.T.A Hoffmann, Edgar Allan Poe und Guy de Maupassant eine Dämonisierung des Adel und beschreiben dessen Untergang: E.T.A. Hoffmanns Magnetiseur Alban löscht ein ganzes Geschlecht aus, verschont einzig dessen bürgerlichen Hofmaler; während in „Das Majorat" die bürgerliche Welt des Dorfes erblüht, zerfällt das benachbarte Schloss zur Ruine. Vom Hause

---

[178] Achilles, Jochen: „Sheridan LeFanu und die Schauerromantische Tradition. Gunther Narr Verlag, Tübingen, 1997, s.31

der Usher bleibt nicht einmal eine solche erhalten „allegorisch als ein beredtes Zeugnis einer fremden Vergangenheit zurück."[179]

Weniger deutlich behandelt Maupassant das Thema in seinen fantastischen Erzählungen. Doch sprechen Indizien dafür, dass es sich auch bei diesen Charakteren um Mitglieder der gesellschaftlichen Elite handelt. Von der Welt abgeschottet, pflegen die gut situierten Helden, ohne einer Beschäftigung nachzugehen, einen zumindest kostspieligen Lebensstil, dessen Exquisität sich häufig im Sammeln von Antiquitäten manifestiert; letztlich sind auch sie dem Untergang geweiht. Dies ist etwa in der Erzählung „Quit Sait?" der Fall.

Im Folgenden sollen nun einige Texte auf die Verarbeitung von Untergang und Dämonisierung des Adels hin untersucht werden. Dabei fällt zunächst eine unterschiedliche Gewichtung dieser Motive auf: Während der Untergang in Poes Erzählung „Metzengerstein" dominiert, stellt er in Hoffmanns Werk „Das Öde Haus" ein Nebenmotiv dar. Bei Maupassants „Le Horla" und „La Cheverlure" bleibt hingegen fraglich, ob es sich überhaupt um den Untergang von Adelsgeschlechtern oder nicht vielmehr um den von Individuen handelt.

Dabei lassen sich vier Gemeinsamkeiten feststellen: erstens die Betonung des Alters im Zusammenhang mit dem Adel, zweiten charakterisieren sich dessen Vertreter durch zunehmende Isolation und Passivität, drittens zeigt sich ein gradueller Zerfall der Sippe, viertens wird der Adel mit dem Übernatürlichen in Verbindung gebracht.

2.3.1.1. Alter

Adel und Alter sind gleich zweifach verbunden, einmal negativ indem es sich um eine alte, nicht mehr aktuelle Elite handelt, positiv im adligen Selbstverständnis, insofern als die Qualität des Adels proportional zum Alter der jeweiligen Sippe wächst.[180] Die Autoren belegen nun die adligen Wohnhäuser mit Alter, sie betonen den nahezu im Mythischen angesiedelten

---

[179] Ressmeyer, Karl Heinz: „Interreiur und Symbol. Zum Phantastischen im Werk E. A. Poes." In: Thomsen, Christian W.; Fischer, Jens Malte (Hg): „Phantastik in Literatur und Kunst." Wissenschaftliche Buchgesellschaft, Darmstadt, 1980. 164

[180] ein solches Denken manifestiert sich in der Adelsprobe, vgl: http://www.adelsrecht.de/Lexikon/A/Ahnenprobe/ahnenprobe.html

Ursprung der Familien, und zeichnen die jeweiligen Exponenten des Adels alt.

Ein gewisses Alter zeichnet das Haus des Maupassant'schen Helden in „Le Horla" aus, schließlich ist er bereits darin aufgewachsen. Die mächtigere, ältere, folglich „adligere" Familie der Metzengerstein bewohnt ein Gebäude, das mehrheitlich als „Palace" bezeichnet wird, zu dem dazu noch eine Allee „of aged oaks" führt, während der Autor beim Haus der Berlitzifings stets von „Castle" spricht.[181]

Alles, was in Verbindung mit dem Titel gebenden, und, wie sich erst später herausstellt, von der Gräfin S. bewohnten Gebäude in Hoffmanns Erzählung „Das Öde Haus" steht, deutet auf Alter und Verfall hin: „[E]in Haus, ... dessen schlecht verwahrtes Dach, ... dessen farblose Mauern von gänzlicher Verwahrlosung des Eigentümers zeugen"[182] nimmt sich neben dem ungleich prunkvolleren Anwesen eines erfolgreichen Konditors, also eines einfachen Handwerkers, eigentümlich aus. „Als noch keines der Prachtgebäude existierte...stand dies Haus...schon in seiner jetzigen Gestalt da", betont der Konditor das nahezu mythische Alter, „und seit der Zeit wurde es nur gerade vor dem gänzlichen Verfall gesichert."[183]

Ein ebenso mythisches Alter zeichnet auch die Familiengeschichten und Fehde der Häuser Berlitzifing und Metzengerstein aus: Die Erzählung beginnt mit den Worten: „Horror and fatality have been stalking abroad in all ages."[184] Aufgrund einer Jahrhunderte alten Prophezeiung liegen die Familien miteinander in Fehde, kämpfen seither um politischen Einfluss auf die Krone.[185] Die Ahnengalerie der Metzengerstein unterstreicht die geschichtliche Relevanz des Geschlechtes in ihrem Kampf gegen Sarazenen und Feinde der römischen Kirche, was im protestantischen Kontext von Poes Lesern noch einmal den sinistren Charakter des Adligen betont.[186] Die Heimatverbun-

---

[181] Poe, 678,673,672
[182] Hoffmann, „Das Öde Haus", 168
[183] ebd, 172)
[184] Poe, 672
Übersetzung nach: Fink-Henseler, Roland W. (Hg.): „Edgar Allan Poe. Erzählungen".Gondrom, Bindlach, 1997. „Grauen und Unheil sind mit nimmermüden Schritten durch alle Jahrhunderte gegangen." 24
[185] Poe, 672
[186] ebd, 673f

denheit, wie sie im ersten Eintrag des Tagebuchautors in „Le Horla" festgeschrieben ist, kündigt eine Beziehung zu den Vorfahren aus, wie sie für adliges Denken durchaus charakteristisch ist: „J'amie ce pays...parce que j'y ai mes racines, ces profondes et délicates racines, qui attachent un homme à la terre où sont nés et morts ses aieuy..."[187]

Auch die Repräsentanten des Adels werden mit Alter konnotiert: der „Kastellan" der gräflichen Familie ist bereits ein alter Mann mit „mumienhaftem Gesicht"; mit „altmodig...aufgetürmtem Toupet und Klebelöckchen frisiertem, stark gepudertem Haar...kaffeebraunem altem verbleichtem...Kleide..." erinnert er in seiner Aufmachung an die Lakaien im Ancien Regime. Auf alten Reichtum deutet sein Zahlungsmittel hin.[188] Die Gräfin Angelika ist eine Greisin, hatte ihre Jugend längst hinter sich, als die Geschehnisse um ihren untreuen Bräutigam ihren Lauf nahmen.[189]

Baron von Berlitzifing lässt sich „neither [by] bodily infirmity, grat age, nor mental incapacity"[190] von der Jagd abhalten. Friedrich von Metzengerstein zählt zwar erst achtzehn Jahre, doch unterbindet Poe jeden Eindruck von Jugendlichkeit sofort mit dem Hinweis, dass am Ort des Geschehens und in der Situation des Protagonisten die Vorstellung von Zeit nicht mit der gewöhnlichen übereinstimme.[191]

Einen allgemeinen Bezug zum Alter finden wir im Helden von „La Chevelure", der sich durch sein Sammeln von Antiquitäten in eine vergangene Zeit versetzt. Die Erlesenheit der Stücke, etwa des venezianischen Sekretärs aus dem 17. Jahrhundert,[192] deutet an, dass es sich bei den ehemaligen Besitzern nur um sehr wohlhabende Menschen gehandelt haben kann, also Mitglieder einer gesellschaftlichen, möglicherweise adligen Elite.

---

[187] Cogny, 59
Übersetzung nach Schneider: „Ich liebe dieses Land..., weil hier meine Wurzeln sind, diese tiefen und feinen Wurzeln, die den Menschen an die Erde binden, in der seine Vorfahren geboren und gestorben sind..."147
[188] Hoffmann, „Das Öde Haus", 174
[189] ebd, 195
[190] Poe, 673
Übersetzung nach Fink-Henseler:„weder [durch] sein hohes Alter noch seine körperliche Schwäche oder das Schwinden seiner Geisteskräfte" 26
[191] ebd, 673
[192] http://maupassant.free.fr/cadre.php?page=oeuvre

2.3.1.2. Isolation und Passivität

Die Isolation des Adels gegenüber dem Rest der Gesellschaft manifestiert sich auch wieder in der Lage seiner Refugien, deren Bewohner sich durch zunehmende Inaktivität auszeichnen: Um Hilfe zu rufen, muss Maupassants Tagebuchautor aus „Le Horla" ins Dorf laufen, obwohl der Brand als weithin sicht- und hörbar beschrieben wird.[193] Das Geschlecht der Berlitzifings hat ihre Wohnstatt auf einem „lofty buttres"[194] gewählt. Wie entlegen Friedrichs Stammsitz ist, betont Poe, indem er von „so magnificent a wilderness as that old principality"[195] spricht. Diese potenziert sich noch, als Friedrich sich zurückzieht in ein „vast and desolate upper apartment of the family palace".[196] Theodors Antagonistin Angelika ist auch gänzlich von einer solchen Zurückgezogenheit geprägt. Das Stammschloss von Angelikas Familie liegt im Wald, in krassem Gegensatz dazu steht die Wahl ihres Wohnsitzes „Unter den Linden" in einer der belebtesten Straßen der Residenz.

Angelika zieht sich aufgrund ihrer enttäuschten Liebe zunehmend von ihrer Familie zurück, etwa durch Spaziergänge in den Wald, oder schließlich ihren Umzug nach Berlin. Isolation und Passivität erreichen dort ihren Höhepunkt, indem sie sich soweit zurückzieht, dass letztlich kaum jemand um ihre Existenz weiß. Die Tatenlosigkeit des Dieners zeigt sich darin, dass er seit Jahren die Ankunft der gräflichen Familie erwartet.[197]

Wilhelm von Berlitzifings einzig noch verbliebene Aktivität, hier wird angedeutet, dass er früher durchaus Bedeutenderes vollbracht hat, ist die Jagd. Während die Taten von Friedrichs Vorfahren in Politik und auf dem Schlachtfeld durchaus von öffentlichem Belang waren, konzentriert sich Friedrich in der Ausübung seiner Macht auf mutwillige Greueltaten. Als das Pferd in sein Leben tritt, wird jeder ohnehin rare Kontakt zur vor allem adligen Außenwelt abgebrochen. Von derselben Iso-

---

[193] Cogny, 97
[194] Poe, 672
Übersetzung nach Fink-Henseler „hohen Söller", 24
[195] ebd, 673
Übersetzung nach Fink-Henseler: „der Einsamkeit, und noch dazu ... einer so wundervollen Einsamkeit, wie der des alten Herrensitzes, ..." 26
[196] ebd, 673
Übersetzung nach Fink-Henseler „großes, einsames Zimmer, hoch oben im Schloss" 26
[197] Hoffmann, „Das Öde Haus", 175,178

lation und Inaktivität sind auch die Helden in Maupassants Werk gezeichnet. Während der Protagonist in „La Chevelure" erst in der Nervenheilanstalt eine völlige Isolation erfährt, das Ausführen seiner vermeintlichen Braut und damit die Teilnahme am gesellschaftlichen Leben war ja gerade Anlass für seine Einlieferung, bleiben die Kontakte des Tagebuchautors in „Le Horla" lediglich Episode. Wie ihre Standesgenossen in den übrigen Erzählungen führen auch sie ein Leben jenseits gesellschaftlicher oder gar beruflicher Verpflichtungen. So begründet der Held aus „La Chevelure" seine Sammelleidenschaft schlicht mit seinem Reichtum.

2.3.1.3. Gradueller Untergang

Alle adligen Akteure sind dem Untergang geweiht: Hoffmanns Gräfin stirbt, das Geschlecht derer von Metzengerstein erlischt, die französischen Protagonisten enden in Wahnsinn. Doch ereignet sich dieser Verfall keineswegs rapide.

Eine allgemeine Lebensunfähigkeit lässt sich bei dem Geschlecht der Metzengerstein etwa im frühen Tod der Eltern Friedrichs feststellen. Wilhelm von Berlitzifing hingegen, dessen Familie als „less ancient"[198] weniger Ahnen aufweisen kann und dadurch lebenstüchtiger wirkt, ist ein alter Mann geworden. Selbstgefällig beobachtet Friedrich seine bereits verblassende Ahnengalerie.[199] Indem er immer wieder die Einladungen seiner Nachbarn ausschlägt, vereitelt er manche Heiratspläne „of many a manoevring mamma"[200], schließt damit jede Weiterführung seines eigenen Stammes aus. Der Ärger der Witwe Berlitzifing über die abgesagten Geselligkeiten scheint anzudeuten, dass sie eine dieser Mütter sein könnte, deren Pläne Friedrich zunichte gemacht hat.

Auch die von Hoffmann dargestellten Adelsdynastien scheinen auszusterben. Von männlichen Nachkommen der Familie Z., Angelikas Familie, ist nicht die Rede, sie scheint also bereits am Ende angelangt zu sein, noch bevor Hoffmanns Erzählung überhaupt einsetzt. Aus der Erzählung Dr. Ks wird ersichtlich, dass die S'sche Familie, in die ihre Schwester eingeheiratet hat, dasselbe Schicksal teilt. Der Graf fällt Angelikas fatalen Rache-

---

[198] Poe, 672
[199] ebd, 673
[200] Poe, 676
Übersetzung nach Fink-Henseler „mancher schlauen Mutter" 30

gelüsten zum Opfer, ohne einen männlichen Nachkommen zu hinterlassen.

Die Helden Maupassants bleiben ebenfalls ohne Nachkommen; vom Untergang einer Dynastie lässt sich hier jedoch keineswegs sprechen, schließlich sind sie losgelöst von nahezu allen gesellschaftlichen Bindungen, was einen familiären Kontext mit einschließt.

Dafür ist bei allen in den Texten repräsentierten Adligen ein deutlicher Hang zum Wahnsinn zu erkennen. Aufgrund der Abschottung gegenüber anderen Gesellschaftskreisen sah sich der Adel über Generationen hinweg zu einer inzestuösen Heiratspolitik genötigt, die ein günstiges Klima für Erbkrankheiten bietet. In diese Richtung weist die Ansicht des Metzengerstein'schen Hausarztes, der die plötzlich erwachte Reitleidenschaft Friedrichs als Ausdruck „morbid melancholy, and hereditary ill-health" wertet.[201] Dass Angelika wahnsinnig ist, bestreitet nicht einmal ihr Diener, der sich in gewisser Weise von ihr blenden lässt in seiner Hoffnung auf ihre alchemistischen Fähigkeiten. Sie stirbt schließlich unter der Obhut Dr. Ks, der nicht mehr in der Lage ist, ihre Leiden zu lindern. Als reine Fantastik im Sinne Todorovs lassen sich die Geschehnisse in den Texten des Franzosen als Wahnsinn interpretieren. Ohne eigene Einsicht verbleibt der Protagonist in „La Chevelure", während der Erzähler von „Le Horla" eine geistige Krankheit hinter seinem Zustand nicht ausschließt.

Mit der Thematisierung vom Aussterben der Adelsgeschlechter und deren erblich bedingten Hang zum Wahnsinn haben die Autoren Motive der literarischen Dekadenz vorweggenommen.

2.3.1.4. Der Adel und das Übernatürliche

Die Verbindung zwischen Adel und dem Übernatürlichen liegt meiner Meinung nach begründet in der Berufung auf die Quelle des Gottesgnadentums als Legitimationsanspruch. In dem englischen Gothic Novel ist das übernatürliche Geschehen häufig auf Adelsschlössern angesiedelt.

In den zu untersuchenden Texten sind die Adligen nun übernatürlichen Bedrohungen ausgesetzt oder werden selbst magisch aktiv.

---

[201] Poe, 677
Übersetzung nach Fink-Henseler: „morbider Melancholie und erblicher Belastung". 31

Vom Haus der Gräfin Angelika geht eine geradezu magische Anziehung auf den in dieser Hinsicht sensiblen Theodor aus. Wie im vorangehenden Kapitel gezeigt wurde, begründet sich diese Wirkung nun hauptsächlich mesmeristisch. Dabei ist sich die Bewohnerin dessen womöglich nicht bewusst und handelt im Glauben an einen Liebeszauber; es wurde auch gezeigt, dass nicht all ihre Aktivitäten mit dem Verweis auf den Mesmerismus geklärt sind. So bleibt die magische Möglichkeit der Induktion des Spiegelbildes bestehen, ebenso ungeklärt ist die Tatsache, dass Angelika im Wahn plötzlich die Gesichtszüge der hexenhaften Zigeunerin trägt. Laut Dr. K. hat sie ihren Diener mit ihrer angeblichen Fähigkeit der alchemistischen Goldmacherei betört.

Dass es mit dem Gebäude eine übernatürliche Bewandtnis hat, die auch auf andere Personen Eindruck hinterlässt, beweist der Konditor. Dieser bestätigt die allgemeine Sage, nach der es in dem öden Gebäude hässlich spuken soll. Schließlich war er selbst oft genug Zeuge „seltsame[r] Klagelaute", „sonderbare[ren] Gesange[s]", tiefe[r] Seufzer" und „eine[s] dumpfe[n] Lachen[s]".[202] Dieser tatsächlichen Beziehung der Gräfin zum Magischen stehen Theodors Visionen gegenüber, aber auch das von ihm als Augenzeuge beobachteten Gebaren des Dieners.

Das Betragen des Dieners, sein immer wieder völlig unmotiviertes Murmeln der Worte: "der Satan schmiert seiner Braut Honig um's Maul",[203] die Titulierung seines Hundes als Höllentier, sowie das wiederholte Leugnen eines Spukgeschehens in seinem Hause, erhärten nur Theodors Verdacht. In seiner nächtlichen Vision glaubt er zu erfahren, dass der Alte ein Hexenmeister sei, der eine schöne Frau an sich binde.

Wie ihre Berliner Standesgenossen sehen sich auch die Berlitzifings und Metzengersteins dem Übernatürlichen gegenüber. Als Mitglied der schwächeren Familie setzt Wilhelm in seiner Todesstunde mit seiner Beseelung des Pferdes aus der Ahnengalerie Magie ein, um die alte, widersprüchliche Prophezeiung, nach der die Berlitzifings Unsterblichkeit erlangen sollen, zu realisieren.[204] Diese Prophezeiung als solche ist auch wieder übernatürlichen Ursprungs. Bei der Betrachtung der Abbildung

---

[202] Hoffmann, „Das Öde Haus", 172
[203] ebd, 174
[204] Poe, 672

des Rosses setzt die magische Wirkung ein, die ganz deutliche Anzeichen an den mesmeristischen Rapport verrät, indem Friedrich zunehmend in den Bann des Bildes gerät, seinen Blick nicht mehr abzuwenden vermag.[205] Nach anfänglichem Grauen nimmt Friedrich schließlich die fast nur von ihm erkannte Herausforderung seines Nachbarn an.

Je nach Lesart lässt sich auch das Geschehen in den Werken Maupassants mit dem Übernatürlichen in Verbindung bringen. Beide Protagonisten werden von unsichtbaren Wesen dominiert.

2.3.1.5. Funktion und Motivation

Die Funktion des Adelsmotivs hat meiner Meinung nach vor allem biographische Gründe.

In Bezug auf „Das Majorat" sieht Winfried Freund Hoffmann als einen Liberalen, der mit dem Untergang der Adelsherrschaft einen wünschenswerten Zustand vorweg nehme. „Das Alte...muss verschwinden, um den nachgewachsenen bürgerlichen Kräften Raum zu geben."[206] Auch als preußischer Beamter konnte Hoffmann sich einen subversiven Zug nicht versagen.

Poe stammt aus einem demokratischen Land. Sein Ziehvater John Allan war Teil der Oberschicht des Südens;[207] die „Pflanzeraristokratie" pflegte eine Lebensart, die der des europäischen Adels durchaus entsprach. Unter der Präsidentschaft Andrew Jacksons (1829-1837) und seinem Ethos des „common man" erlebte der bis dahin politisch und wirtschaftlich dominierende Süden einen ersten Machtverlust gegenüber dem sich industrialisierenden Norden. Insofern kann man auch von dem Werk „Metzengerstein" behaupten, dass es genau wie im Fall der Ushers den „apokalyptischen Untergang eines amerikanischen Symbols"[208] beschreibt, wenn auch verfremdet. Trotz der Negativzeichnung des Adels war Poe kein Demokrat, wie aus einer Notiz ersichtlich wird: „The sense of high birth is a moral force whose value the democrats, albeit compact of mathematics, are never in condition to calculate."[209] Rezeptive Gründe

---

[205] ebd, 674
[206] Freund, 79
[207] Martynkewicz, Wolfgang: „Edgar Allan Poe". Hamburg, 2003. 18
[208] ebd, 88
[209] Ressmeyer, 162

treten hinzu, Palmer Cobb weist auf die Ähnlichkeiten zwischen Hoffmanns „Das Majorat" und Poes Erzählungen „The Fall of the House of Usher" und „Metzengerstein" hin.[210] Um Plagiatsvorwürfen zu entgehen, versah Poe letzteres Werk mit dem Zusatz „A Tale in Imitation of the German".[211]

In Bezug auf Maupassant macht Marie-Clair Bancquart darauf aufmerksam, dass er für seine Werke aus der eigenen Erfahrung schöpfte, er habe seine fantastischen Geschichten „avec l'expérince de sa vie"[212] verfasst. Als Angehöriger des Adels war er auf Wunsch der Mutter in einem betont adligen Milieu aufgewachsen.[213] Neben der Syphilis litt Maupassant auch unter Erbkrankheiten, vor allem einer Augenschwäche. Daher wundert es nicht, dass Maupassant, genau wie Poe, zum Vorbild der literarischen Décadence avancierte, obwohl er sich laut Marie Louise Banquarts von deren Ästhetizismus distanzierte.[214] Mir scheint jedoch, dass zumindest der Held von „La Chevelure", der mit seiner Leidenschaft für Antiquitäten eine künstliche Welt heraufbeschwört, ganz diesem Schema entspricht.

Übersetzung nach Matynkewicz: „Das Bewusstsein hoher Geburt ist eine moralische Kraft,deren Wert die Demokraten, und wären sie volgestopft mit Mathematik, nimmermehr zu ermessen vermögen." 11
[210] Cobb, Palmer: „The Influence of E.T.A. Hoffmann on the Tales of Edgar Allan Poe". University Press, Chapel Hill, 1908. 8
[211] Martynkewicz, 48
[212] Bancquart, 17
[213] ebd, 10
[214] ebd, 54

3. Die persönliche Dimension

3.1. Fremdes Ich

Unter der Dimension der persönlichen Fremdheit möchte ich in etwa das aufgreifen, was Todorov unter den Ich- und Du-Themen der Fantastik versteht. Die Ich-Themen beschäftigen sich seiner Meinung nach mit Wahrnehmung und Bewusstsein, die Du-Themen hingegen mit dem Unterbewussten, das die sexuellen Wünsche des Ich mit einschließt.[215] Mein Ansatz soll sehr viel konkreter ausfallen. Inwiefern es sich unter diesem Aspekt um eine Dimension von Fremdheit handelt, wird besonders leicht ersichtlich bei der Kontrastierung von Ich und Du; das Du steht dem Ich als Fremdes gegenüber. Ungleich problematischer gestaltet sich die Darstellung eines fremden Ich. Die Einheitlichkeit des Individuums wird in den Texten in Frage gestellt, es verändert sich bis zur eigenen Unkenntlichkeit. Das eigene Fremdheitsgefühl wird häufig von einem weiblichen, oft mit dem Übernatürlichen in Zusammenhang gebrachten, Du ausgelöst, zu mindest verstärkt.

Diese Problematisierung, vor allem die des fremden Ich, hat ihren Ursprung in einer neuen Sicht des Individuums, wie es etwa der Idealismus Fichtes nahe legt; dieser geht davon aus, dass das Ich durch seine Wahrnehmung eine autonome Welt konstruiere. Die Brisanz des Mesmerismus unterstreicht Aglaja Hildenbrock, die bemerkt, „dass dem Mesmerismus…in Arbeiten zum Doppelgängermotiv meist kaum mehr als eine beiläufige Erwähnung gewidmet ist…", er oft zum bloßen literarischen Modethema degradiert werde.[216] Jürgen Barkhoff betont die Bedeutung des Mesmerismus im Falle E.T.A. Hoffmanns als „Vehikel…, den Menschen in seiner Duplizität darzustellen."[217]

In Schillers Text geht das Gefühl der eigenen Fremdheit auf ganz diesseitige Ursachen, nämlich die Intrige, zurück, in deren Ausführung das Du in Form der vermeintlichen Griechin eine wichtige Rolle spielt. Wie sich zeigen wird, haben die Gefühle des Prinzen jedoch dieselbe Qualität wie die der in den explizit

---

[215] Todorov, 125
[216] Hildenbrock, Aglaja: „Das andere Ich. Künstlicher Mensch und Doppelgänger in der deutsch- und englischsprachigen Literatur". Tübingen, 1986. S.17
[217] Barkhoff, 223

fantastischen Erzählungen, wo die Quelle der Irritation im dämonischen Dunkel bleibt.

In Hoffmanns Texten „Die Abenteuer der Silvesternacht" und „Das Öde Haus" wird das Ich ganz explizit durch das Eingreifen eines Du irritiert; in Maupassants Erzählung kann die Quelle der Ich-Fremdheit nicht ausgemacht werden, während sie in „La Chevelure" von einem fragwürdigen Du ausgelöst wird. Poe hat sich verschiedentlich mit der von mir postulierten Dimension der persönlichen Fremdheit beschäftigt, die Ich-Problematik tritt in Form des Doppelgängermotivs, wie er es in seiner Erzählung „William Wilson" aufgreift hervor, das fremde Du wirkt besonders bedrohlich in seinem Werk „Morella".

In Schillers „Der Geisterseher" kommt der Dimension der persönlichen Fremdheit eine ungleich höhere Bedeutung zu als der zeitlichen Dimension, was eine tiefer gehende Analyse der Einzelaspekte rechtfertigt.

Von den Auswirkungen des Mesmerismus auf die Literatur war bereits die Rede. Dabei gilt festzuhalten, dass diese Wissenschaft den Blick für die Vielschichtigkeit des Individuums schärfte.[218] Das Bewusstsein des fragmentarisierten, uneinheitlichen Ich stürzt nun die Protagonisten der zu untersuchenden Texte in eine existentielle Krise, sie erkennen sich häufig selbst nicht mehr, sind sich fremd. Vier Punkte, die diese Ich-Fremdheit auslösen, sollen im folgenden näher betrachtet werden: Zum einen durchlaufen die Protagonisten einen profunden Wandel ihrer Persönlichkeit; zweitens werden sie sich der eigenen Vergänglichkeit schmerzlich bewusst; drittens fühlen sie sich nicht mehr als autonome Kraft, sind nicht mehr Herr ihres Willens, werden fremd beherrscht. All diese Tendenzen münden in einen vierten Punkt, nämlich dem des Doppelgängermotivs.

Dabei sind die einzelnen Fremdheitsfaktoren unterschiedlich gewichtet und gehen von verschiedenen Prämissen aus: So führen bei Schiller eher konkrete, äußere Geschehnisse zu der Ich-Fremdheit. In Maupassants Erzählungen „La Chevelure" und „Le Horla" dominieren die Trauer über die eigene Vergänglichkeit, der Wandel und das Gefühl der Fremdbeherrschung, während das Doppelgängermotiv lediglich anklingt. Dieses

---

[218] Hildenbrock, 17

wiederum steht bei Hoffmanns Werk „Die Abenteuer der Silvesternacht" deutlich im Vordergrund.

3.1.1. Ich-Fremdheit in Friedrich Schillers „Geisterseher"

Zunächst einmal fällt auf, dass der Prinz im Laufe der Erzählung einen Wandel seiner Persönlichkeit erfährt, der sich am äußeren Geschehen entzündet und in dessen Inneres fortwirkt: Seinen Status betreffend, steigt er ungewollt vom unwichtigen Adligen zum Thronfolger auf; in geistiger Hinsicht entwickelt er sich durch den inszenierten Magiebetrug seiner Widersacher vom religiösen Schwarmgeist zunächst zu einem ausgesprochenen Rationalisten und Skeptiker, letztlich zum Katholiken; vom Asketen ohne jedes Interesse am weiblichen Geschlecht wird er schließlich zum liebeskranken „Partylöwen". Der Baron F. fasst diese Entwicklung zusammen: „Sein ganzes Wesen scheint verwandelt. Er geht wie ein Träumender umher, und nichts von allem, was ihn sonst interessiert hatte, kann ihm jetzt nur eine flüchtige Aufmerksamkeit abgewinnen."[219]

Dem Thema der Fremdbeherrschung kommt in dieser Erzählung ein besonders breiter Raum zu. Anders als in den im Folgenden untersuchten Texten geht sie vor allem von politisch-wirtschaftlichen, also ganz banalen, weltlichen Quellen aus. So ist der Prinz Opfer von Intrigen, deren Ziel offensichtlich die Installation eines katholischen Fürsten auf einem deutschen, eigentlich protestantischen Thron ist. Zunächst werden dabei mögliche Konkurrenten aus dem Wege geräumt, die Glaubensgrundsätze des Prinzen durch den Magiebetrug ins Wanken gebracht. Auch seine finanzielle Abhängigkeit, vom Marchese di Civitella oder seiner Schwester, gehört in diesen Bereich. Auf einer allgemeineren Ebene fühlt der Prinz sich aufgrund seines Standes in seiner Persönlichkeit eingeengt; bei einem Gespräch mit dem Baron erklärt er die Abhängigkeit eines Fürsten von der öffentlichen Meinung, als deren „Sklave" er sich fühlt.[220] An anderer Stelle sieht er sich nicht weniger mächtig als „der Elendeste unter dem Volk", denn unter den Menschen bestünde lediglich der eine Unterschied: „Gehorchen oder Herrschen".[221] Eine gewissermaßen freiwillige Unterwerfung der eigenen Per-

---

[219] http://gutenberg.spiegel.de/schiller/geisters/geist017.htm
[220] http://gutenberg.spiegel.de/schiller/geisters/geist012.htm
[221] http://gutenberg.spiegel.de/schiller/geisters/geist017.htm

sönlichkeit geschieht in der Beziehung zu der vermeintlichen Griechin.

Die Angst vor der eigenen Vergänglichkeit spricht der Prinz ganz konkret an: „Was mir vorherging und was mir folgen wird, sehe ich als zwei schwarze und undurchdringliche Dekken an, die an beiden Grenzen des menschlichen Lebens herunterhangen und welche noch kein Lebender aufgezogen hat."[222] Er sieht sich nicht als Teil einer Adelskette, sondern eher als Individuum.

Das Doppelgängermotiv klingt in Schillers Werk in der Person des Armeniers an, der alles sein kann, „was er sein will, und alles, was der Augenblick will, dass er sein soll."[223] Die Uneindeutigkeit dieser Person bestätigt der eingekerkerte Sizilianer, der Legenden über den Armenier zu kennen vorgibt, nach denen dieser Appolonius von Tyana, ein alter Römischer Magier, oder der Jünger Johannes sein könnte.[224]

Die Themenkomplexe des Wandels und der Fremdbeherrschung dominieren hier, während die Angst vor der eigenen Vergänglichkeit und das Doppelgängermotiv lediglich anklingen.

3.1.2. Wandel

Die Protagonisten durchleben einen fundamentalen Wandel, wobei ein unbekanntes Ich das ursprüngliche, vertraute verdrängt, das sich nur noch gelegentlich zu Wort meldet. Die Helden sind sich ihres Wandels wohl bewusst.

Am deutlichsten wird der Wandel des Ich durch den direkten Vergleich des harmonischen Selbst, das oft einleitend dargestellt wird, mit dem zerstörten am Ende der jeweiligen Erzählung. Der Held in der Maupassant'schen Erzählung „La Chevelure" beschreibt seine ursprüngliche Persönlichkeit am Eingang seines Tagebuchs: Er stellt sich dar als einen leidenschaftslosen Genussmenschen.[225]

---

[222] http://gutenberg.spiegel.de/schiller/geisters/geist012.htm
[223] http://gutenberg.spiegel.de/schiller/geisters/geist004.htm
[224] http://gutenberg.spiegel.de/schiller/geisters/geist005.htm
[225] http://maupassant.free.fr/cadre.php?page=oeuvre

Nicht einmal sein Antiquitätensammeln, das schließlich der Auslöser seiner Selbstentfremdung wird, entspringt direkt einer Leidenschaft, vielmehr begründet er es mit seinem Reichtum.[226] Diesem harmonischen Selbst steht der völlig ausgezehrte Wahnsinnige gegenüber, den der Erzähler der Rahmenhandlung beschreibt als „homme tué par un Songe."[227] Auch in der Erzählung „Le Horla" lernen wir den Protagonisten zunächst als völlig ausgeglichenen Menschen kennen, der seine Zuversicht vor allem aus seiner Heimatverbundenheit schöpft.[228] Der Text schließt mit der Verbrennung des eigenen Hauses, der Zerstörung seiner Heimat, und dem Gedanken an Selbstmord, also der völligen Zerstörung seiner selbst.[229]

In Hoffmanns Werk „Die Abenteuer der Silvesternacht" finden wir mit dem Reisenden Enthusiasten und Erasmus Spikher gleich zwei einem fundamentalen Persönlichkeitswandel unterworfene Figuren. Während der des Erasmus Spikher in dem eigentlichen Hauptkapitel des Textes „Die Geschichte vom Verlorenen Spiegelbild" linear dargestellt wird, lernen wir den Reisenden Enthusiasten als jemanden kennen, dessen ständiger Wandel schon wieder konstant ist. Der treu sorgende Familienvater Erasmus Spikher wird zum gesellschaftlich geächteten Mann ohne Spiegelbild, und damit zu einem überaus uneinheitlichen Charakter von wechselhaften Stimmungen, die sich in seinen zwei Gesichtern spiegeln. Genau dieselbe Wechselhaftigkeit zeichnet den Reisenden Enthusiasten aus. Diese begründet sich sicherlich durch sein Unvermögen zwischen „innerem und äußerem Leben" zu unterscheiden.[230] Die Anwesenheit seiner ehemaligen Geliebten auf der Abendgesellschaft stürzt ihn in ein Wechselbad der Gefühle, das sich selbst in seiner äußeren Erscheinung niederschlägt, bis er sein eigenes Spiegelbild nicht mehr erkennt.[231]

Bedingt durch den graduellen Zerfall ihres Ich kehren die Helden immer wieder in ihr altes, harmonisches zurück: Maupas-

---

[226] ebd
[227] ebd
Übersetzung nach Abret, Helga; Vax, Louis (Hg.): „Der König mit der Goldmaske. Und andere phantastische Erzählungen aus Frankreich". Suhrkamp, Frankfurt a. M, 1985. „von einem Traum getötete[n] Mensche[n]"72)
[228] Cogny, 59
[229] ebd, 97
[230] Hoffmann, „Die Abenteuer der Silvesternacht". S. 316
[231] ebd, 327

sants Irrer aus „La Chevelure" bemerkt die Beherrschung durch das Haarbündel der Verstorbenen ist zumindest bestrebt, sich dem zu entziehen, indem er versuchte es zu zähmen und sich gefügig zu machen: „Durant quelques jours, il fallait que je la visse et que je la maniasse".[232] Bei dem Protagonisten aus „Le Horla" kündigt sich die Rückkehr zum ursprünglichen Ich vor allem dann an, wenn er seine Heimat verlässt. In Paris überdenkt er das bisherige Geschehen und kommt zu dem Schluss, dass er vorübergehend seinen Verstand verloren haben müsse.[233] Dieses zuversichtliche Gefühl hält auch nach seiner Rückkehr noch an, so kehrt er zu seiner alten Gewohnheit der Naturbetrachtung zurück.[234]

Da der Wandel des Reisenden Enthusiasten persönlichkeitskonstituierend ist, kann in seinem Fall keine Rede sein von einer Rückkehr zu einem ursprünglichen, harmonischen Ich, wohl aber bei Erasmus Spikher. Seine durch Giulietta ausgelöste Persönlichkeitsveränderung wird etwa partiell rückgängig gemacht durch Friedrichs Appelle zur Rückkehr nach Deutschland und damit zu seinem alten Ich.[235] Trotz des Verlustes seines Spiegelbildes fällt es ihm nach seiner Rückkehr nicht schwer, sich in den Familienalltag einzufinden, ja er hat seine italienische Geliebte gänzlich vergessen.[236]

Die Protagonisten sind sich ihrer Veränderung sehr wohl bewusst.

So muss das Tagebuch des Insassen der Nervenheilanstalt in „La Chevelure" in diesem Bewusstsein entstanden sein. Das Ende vorweg nehmende Bemerkungen lassen sich in Formulierungen erkennen wie „l'amour est venu me trouver d'une incroyable manière",[237] oder „Je l'ai trouvée, moi, celle que j'attendais".[238] Schließlich beschreibt der Erzähler der Rahmen-

---

[232] http://maupassant.free.fr/cadre.php?page=oeuvre
Übersetzung nach Abret, Vax: „Allein verblieb [er] für mehrere Tage in [seinem] gewöhnlichen Zustand", 77. Diese Übersetzung ist irreführend.
[233] Cogny, 72
[234] ebd, 81
[235] Hoffmann, „Die Abenteuer der Silvesternacht", 337
[236] ebd, 343
[237] http://maupassant.free.fr/cadre.php?page=oeuvre
Übersetzung nach Abret, Vax: „mich hat die Liebe auf eine unglaubhafte Weise heimgesucht..." 73
[238] ebd
Übersetzung nach Abret, Vax „Ich habe die gefunden, auf die ich wartete".74

handlung den Protagonisten als das Opfer eines Wandels, indem er angibt, man ahne, dass dessen Haar innerhalb weniger Monate weiß geworden sei.[239]

Noch bewusster ist sich in Hinsicht auf seinen Persönlichkeitswandel sicherlich der zweite Protagonist Maupassants. Hinter seinem Zustand eine Krankheit vermutend, wundert er sich darüber, dass eine kleine Störung der Körperlichkeit „un mélancolique du plus joyeux des hommes, et un poltron du plus brave" machen könne.[240] Im Falle des Erasmus Spikher nehmen eher andere Charaktere seinen Wandel wahr, so etwa Friedrich, der feststellt, dass Spikher „ganz und gar verändert"[241] sei, und Dapertutto nimmt zur Kenntnis, dass er „etwas alteriert"[242] sei. Aber auch Spikher selbst ist sich seiner Wechselhaftigkeit bewusst; bisweilen befalle ihn ein toller Spuk, der [ihn] aus allen Kreisen des Sittigen und Gehörigen hinaustreibe[243], gesteht er dem Reisenden Enthusiasten, der unter genau demselben Zwang leidet.

3.1.3. Vergänglichkeit

Ein Teil der Ich-Fremdheit beruht auf dem Bewusstsein der eigenen Vergänglichkeit, die ja einen unaufhaltsamen Wandel des Selbst vom Kind zum Greis darstellt. Diese Vergänglichkeit bezieht sich nicht nur auf die Existenz an sich, sondern auch auf das Gefühlsleben. Die scheiternde Suche nach Kontinuität, die Unfähigkeit sich der Gegenwart zu stellen, führt nicht selten zur geistigen Flucht in eine idealisierte Vergangenheit.

Besonders deutlich werden diese Tendenzen bei den Maupassant'schen Helden. Während der Protagonist von „La Chevelure" seine Vergänglichkeit betrauert, sich in der eigenen Gegenwart fremd fühlt und sich schließlich durch seine Antiquitätensammlung eine Art künstliches Paradies schafft, bezieht sich die Angst des Protagonisten in „Le Horla" weniger auf die individuelle Vergänglichkeit denn auf die der Menschheit als ganzes. Der Reisende Enthusiast äußert das Unbehagen gegen-

---

[239] ebd
[240] Cogny, 63
Übersetzung nach Abret, Vax: „aus dem Fröhlichsten einen Melancholiker und aus dem Tapfersten einen Feigling". 149
[241] Hoffmann, „Die Abenteuer der Silvesternacht", 337
[242] ebd, 340
[243] ebd, 329

über der Vergänglichkeit ganz konkret; bei der Begegnung mit seiner ehemaligen Geliebten flüchtet er sich immer wieder in die ideale Vergangenheit, die er mit ihr teilte.

Als Wurzel „de toute l'épouvante humaine"[244] identifiziert der Protagonist aus „Le Horla" den frühzeitigen Verfall. Im Laufe des Tagebuches schließt er immer wieder auf eine Krankheit als Erklärung seines Zustandes, die ja Auslöser für das befürchtetete vorzeitige Ableben sein kann. Da er den Horla als evolutionären Nachfolger des Menschen betrachtet, der wegen seiner besseren Anpassungsfähigkeit über einen solchen vorzeitigen Verfall erhaben sein könnte, zieht er daraus den Selbstmord als logische Konsequenz, um sich dessen Dominanz zu widersetzen. Damit glaubt er auch der eigenen Vergänglichkeit ein Schnippchen zu schlagen, indem er den Zeitpunkt seines Todes selbst bestimmt. Die Dimension der Vergänglichkeit erstreckt sich in dieser Erzählung auf die gesamte Menschheit.

In „La Chevelure" hingegen bleibt sie eher auf das Individuum beschränkt. Der Protagonist möchte die Zeit anhalten, „mais elle va, elle va, elle passe, elle [lui] prend de seconde en seconde un peu de [lui] pour le néant de demain."[245] Letzten Endes ist die Leugnung der Vergänglichkeit Auslöser für seine Internierung in einer Nervenheilanstalt. Er glaubt mit einer wieder zum Leben Erweckten Geschlechtsverkehr gehabt zu haben, ja fühlt sich selbst als Wiedergeborener, ihm scheint, als kenne er sie aus einem früheren Leben. Das Bewusstsein für die eigene Vergänglichkeit und seine daraus resultierende Liebe zum Vergangenen bringt er auf einen einfachen Nenner: „Le passé m'attire, le présent m'effraie parce que l'avenir c'est la mort".[246]

Am wenigsten bedrohlich stellt Hoffmann die Vergänglichkeit im Falle des Reisenden Enthusiasten dar. Die Todeserwartung, die natürlich Auslöser für die Angst vor der Vergänglichkeit ist, kleidet er in die althergebrachte Metapher des Herbstes: „Im-

---

[244] Cogny, 98
Übersetzung nach Schneider: „alle[r] menschliche[n] Furcht".171
[245] http://maupassant.free.fr/cadre.php?page=oeuvre
Übersetzung nach Abret, Vax: „aber sie schreitet fort...sie verrinnt, sie nimmt [ihm] von Sekunde zu Sekunde ein wenig [seiner] selbst, um des Nichts willen, das morgen sein wird."74
[246] ebd
Übersetzung nach Abret, Vax: „Die Vergangenheit verlockt mich, die Gegenwart erschreckt mich, weil die Zukunft der Tod ist."74

mer mehr Blüten fallen jedes Jahr verwelkt herab..., keine Frühlingssonne entzündet neues Leben in den verdorrten Ästen."[247] Was der Protagonist am meisten bedauert, ist sicherlich der Verlust seiner Jugend: Die Aussicht auf ein freudloses Alter scheint ihm gewiss, denn es flüstert ihm ins Ohr: „siehe, wie viel Freuden schieden...von dir, die nie wiederkehren, aber dafür bist du auch klüger geworden und hältst überhaupt nicht mehr viel auf schnöde Lustigkeit."[248] Die Angst vor einem freudlosen Alter spiegelt sich Spikhers doppeltem Gesicht wieder. Die Unbeständigkeit der Gefühle zeigt sich in der Trauer des Reisenden Enthusiasten über die Unzugänglichkeit zu seiner ehemaligen Geliebten. Ebenso schnell wie Spikher in Italien seine Frau vergessen hat, wirft er zunächst nach seiner Rückkunft jede Erinnerung an Giulietta über Bord.

Die Vergänglichkeit ruft den Wunsch nach Kontinuität wach, die der Protagonist des Horla zu Anfang der Erzählung in seiner Heimatverbundenheit gefunden zu haben glaubt. „[Il] aime ce pays, ...parce qu'[il] y a [ses] racines, ces profondes et délicates racine, qui attachent un homme à la terre où sont nés et morts sets aieux..."[249] Hinzu kommt, dass er noch immer in seinem Elternhaus lebt. Auch in seiner Zuneigung zur Gotik findet er Kontinuität und Geborgenheit; fasziniert lauscht er den Glocken der Kathedrale von Rouen,[250] vom Anblick des Mont Saint Michel ist er regelrecht überwältigt.[251] Der Erzähler betrachtet sich als Konsequenz seiner Familie, fühlt sich mit der weiteren Vergangenheit vereint. Der Protagonist von „La Chevelure" findet Kontinuität in antiken Luxusgegenständen und der Erotik. Nicht zufällig bewundert er eine Damenuhr aus dem achtzehnten Jahrhundert, die als Ding ihre Besitzerin überlebt hat, und verbindet diese mit erotischen Gedanken. Diese Objektfixierung verbietet ihm eine dauerhafte Liebesbeziehung mit einer Frau seiner eigenen Gegenwart. Einzig die Erotik an sich, als menschliche Konstante, verspricht ihm Dauerhaftigkeit: „Le baiser est immortel, lui! Il va de lèvre en lèvre,

---

[247] Hoffmann, „Die Abenteuer der Silvesternacht" 317
[248] ebd, 317
[249] Cogny, 59
Übersetzung nach Schneider: „[Er liebt] dieses Land, ...weil hier [seine] Wurzeln sind, diese tiefen und feinen Wurzeln, die den Menschen an die Erde binden, in der seine Vorfahren geboren und gestorben sind..."147
[250] ebd, 60
[251] ebd, 66

de siècle en siècle, d'âge en âge."[252] Hoffmanns Helden hingegen finden keine Kontinuität.

Das Unvermögen der Protagonisten sich der eigenen Gegenwart zu stellen, ruft Fluchtreaktionen hervor. Der Held aus „Le Horla" stellt sich nicht seiner vermeintlichen Krankheit; obgleich er immer wieder Wahnsinn hinter den Erscheinungen vermutet, sucht er nicht etwa die Hilfe eines Spezialisten, wie er ihm in der Person des Dr. Parent sogar leicht zugänglich wäre. Die Angst vor dem Tod hält den Protagonisten schließlich davon ab, sein Leben aktiv zu gestalten. Der Reisende Enthusiast kann den Status Quo, die Ehe Julies, nicht akzeptieren. Sowohl der Tagebuchautor aus „Le Horla" als auch der Reisende Enthusiast nutzen beispielsweise die geistige Rückkehr in ihre Kindheit als Mittel zur Erheiterung. Zur Weihnachtszeit fühlt sich letzterer fröhlich in seine Kindheit versetzt, genauso ergeht es dem Franzosen bei der Zelebrierung des Nationalfeiertages. In „La Chevelure" schafft der Protagonist sich durch seine Antiquitätensammlung ein künstliches Paradies. Auf einer persönlicheren Ebene handelt der Reisende Enthusiast ganz ähnlich, indem er die Vergangenheit mit Julie idealisiert.

3.1.4. Fremdbeherrschung

Alle Helden teilen ein Gefühl der Willenlosigkeit und Fremdbestimmung: Bei dem Tagebuchautor aus „Le Horla" äußert sich die Fremddominanz in dem Gefühl, verfolgt zu werden,[253] ein Gefangener zu sein,[254] bis er sich schließlich nur noch als „rien qu'un spectateur esclave et terrifié"[255] seiner selbst erkennt. Er schreibt diese Autorität zuletzt dem unsichtbaren Horla zu, bevor er alternative Deutungen durchgespielt hat, wie der Tatsache, dass „tout ce qui nous entour, …a sur nous…des effets rapides, surprenants et inexplicables…" habe,[256] also die Wirkung

---

[252] http://maupassant.free.fr/cadre.php?page=oeuvre
Übersetzung nach Abret, Vax; „Der Kuss selbst ist unsterblich! Er geht von Lippe zu Lippe, von Jahrhundert zu Jahrhundert, von Zeitalter zu Zeitalter." 73
[253] Cogny, 65
[254] ebd, 85
[255] ebd, 85
Übersetzung nach Schneider: „nichts als willenloser und entsetzter Zuschauer" 163
[256] ebd, 61
Übersetzung nach Schneider: „alles, was uns umgibt,… auf uns…unerklärliche Auswirkungen.…" 148

von Umwelteinflüssen, oder Krankheit, die vermag „faire un mélancolique du plus joyeux des homme, et un poltron du plus brave".[257] Das Bewusstsein, einem fremden Einfluss zu erliegen, hat auch der Ich-Erzähler in „La Chevelure": Er fühlt sich von dem fatalen Möbelstück wie von einem „besoin de possession"[258] zum Kauf gezwungen, „un irrésistible désir"[259] lässt ihn immer wieder das Haar betrachten. In „Die Abenteuer der Silvesternacht" drückt sich das Gefühl der Willenlosigkeit im Zusammenhang mit dem Reisenden Enthusiasten immer wieder in der Formulierung aus „ich weiß selbst nicht, wie es kam".[260] In der Rahmenerzählung deutet Spikher an, dass er auch bisweilen unwillkürlich von einem „tollen Spuk"[261] befallen werde.

So bedeutend dieser thematische Komplex im Zusammenhang mit der Selbstentfremdung sein mag, kann er an dieser Stelle nicht weiter beachtet werden. Da diese Fremdbeherrschung häufig von einer weiblichen Antagonistin ausgeht, soll sie unter dem Aspekt des fremden Du näher bestimmt werden. Lediglich in „Le Horla" lässt sich die Quelle nicht identifizieren. Im Falle Hoffmanns geht Winfried Freund davon aus, dass die Thematisierung der Fremdbeherrschung politische Ursachen habe.[262]

3.1.5. Doppelgänger

Ein äußerst wichtiges und vielfach verwendetes Motiv fantastischer Literatur ist das des Doppelgängers. Auch seine Entstehung und vermehrte Verwendung steht im Zusammenhang mit dem Mesmerismus. Das Doppelgängermotiv gestaltet sich in verschiedenen Modifikationen, wie zunächst in einer Identifikation mit einem eigentlich fremden Gegenüber, in der Erkenntnis der Vielstimmigkeit des eigenen Ich durch das Traumgeschehen, oder aber in dem Verlust einer dieser Facetten.

---

[257] ebd, 63
Übersetzung nach Schneider: „aus dem Fröhlichsten einen Melancholiker und aus dem Tapfersten einen Feigling [zu] machen".149
[258] http://maupassant.free.fr/cadre.php?page=oeuvre
Übersetzung nach Abret, Vax: „Zwang zum Besitz"74
[259] http://maupassant.free.fr/cadre.php?page=oeuvre
Übersetzung nach Abret, Vax: „ein unwiderstehliches Verlangen" 77
[260] Hoffmann, „Die Abenteuer der Silvesternacht", 320, 327, 328
[261] ebd, 328
[262] Freund, 10

In Maupassants Erzählung „La Chevelure" klingt es lediglich in der beginnenden Identifikation des Erzählers der Rahmenhandlung mit dem Irren an; in gewisser Hinsicht lässt sich „Le Horla" als Doppelgängergeschichte lesen, wenn man darin den Widerstreit eines vernünftigen und eines dem Wahnsinn verfallenden Ich erblickt.[263] In der Sekundärliteratur steht die doppelgängerhafte Verknüpfung Julies und Giuliettas in Hoffmanns Werk „Die Abenteuer der Silvesternacht" im Vordergrund, ich möchte mich jedoch auf die Beziehung des Reisenden Enthusiasten mit Erasmus Spikher konzentrieren.

Indizien für eine Identifikation mit dem fremden Gegenüber finden wir bereits in der Rahmenerzählung von „La Chevelure", indem sich der Erzähler vom Schicksal des Irren betroffen fühlt und Mitleid empfindet. „Il faisait peine, peur et pitié",[264] so beschreibt der Erzähler seine Emotionen beim Anblick des Patienten. Dieses Mitleid deutet an, dass der Erzähler gewillt ist, sich in dessen Lage hineinzuversetzen, eine Absicht, die er durch die Lektüre des Tagebuchs bekräftigt. Eine Steigerung dieser Identifikation und den Beweis, dass die beiden Protagonisten tatsächlich doppelgängerhaft mit einander verknüpft sind, zeigt die Reaktion des Erzählers der Rahmenhandlung, wenn dieser das Haar der Toten berührt.

Eine ähnliche Identifikation mit einem Irren findet sich auch in „Le Horla". „J'ai vu des fous…qui restaient intelligents, lucides, clairvoyants même sur toutes les choses de la vie, sauf sur un point".[265] Die Identifikation findet statt, indem der Protagonist einerseits Interesse am Wahnsinn bekundet, aber auch, weil er für sich selbst eine geistige oder hirnphysiologische Erkrankung in Betracht zieht.

Auch der Reisende Enthusiast identifiziert sich mit seinem Gegenüber in den Personen des Peter Schlemil und Erasmus Spikher. Beim Gespräch in der Gaststätte glaubt er, dass „in dem

---

[263] www.ruhr-uni-bochum.de/komparatistik/downloads/ ergebnisse_doppelgaenger.doc -
[264] http://maupassant.free.fr/cadre.php?page=oeuvre
Übersetzung nach Abret, Vax: „Er machte einem Pein, er erweckte Furcht und Mitleid" 72
[265] Cogny, 82
Übersetzung nach Schneider: „Ich habe Verrückte gesehen, …die intelligent und bei klarem Verstand geblieben sind, die sogar alle Dinge scharfsinnig beurteilen konnten – außer einem"161

Maskenspiel des irdischen Lebens... oft der innere Geist mit leuchtenden Augen aus der Larve heraus [sieht], das Verwandte erkennend"; er begreift sich als Leidensgenosse: Es scheint ihm, dass „der Teufel überall für [sie Haken] eingeschlagen [habe]..., woran vorbeistreifend [sie] etwas von [ihrem] teuern Selbst hängen lassen. Es scheint,...als ob uns allen auf diese Weise schon etwas abhanden gekommen..."[266] Während er alle Hoffnungen auf eine erfüllte Liebe zu Julie aufgegeben hat, hat sein Gegenüber ein Teil seiner Selbstsicht, vorzüglich das soziale Ansehen, verloren.

Dieser erste Identifikationsversuch bleibt einseitig, zu beidseitiger Akzeptanz zwischen Reisendem Enthusiasten und Erasmus Spikher kommt es erst in der Herberge. Als beide die Gemeinsamkeit ihrer Leiden erkennen, erscheint Spikher dem Reisenden Enthusiasten nun verwandelt, „der Schmerz von dem er ergriffen [drang in sein] eigenes Innres..."[267] Die anfängliche Ablehnung Spikhers aufgrund von dessen Wechselhaftigkeit, die wiederum mit der des Reisenden Enthusiasten identisch ist, weicht einem beiderseitigen Gefühl von Sympathie und Seelenverwandtschaft, und veranlasst Spikher nun seine Lebensbeichte als warnendes Beispiel zu verfassen. Spikher identifiziert sich also mit dem Reisenden Enthusiasten, dem er Verständnis seiner Situation zutraut.

Die Erkenntnis der Vielschichtigkeit des Selbst manifestiert sich für die Protagonisten im Traumgeschehen. Ganz konkret zieht der Tagebuchautor in „Le Horla" in seinem Fall die Abspaltung eines „Traum-Ichs" seiner selbst als Erklärungsmodell für seinen Zustand in Betracht. Wenn er nachts durstig aus Alpträumen erwacht, findet er seine vorher gefüllte Wasserkaraffe stets leer vor. Er schreibt dies nun der Tatsache zu, dass er möglicherweise ein Schlafwandler sei; seine Gedanken streifen damit das Feld der zeitgenössischen Psychologie, die im Thema des Somnambulismus noch stark von mesmeristischen Tendenzen geprägt war. Er geht nun davon aus, dass er als Schlafwandler „sans le savoir...cette double vie..."[268] führe, „qui fait douter s'il y a deux êtres en nous, ou si un être étranger, inconnaissable

---

[266] Hoffmann, „Die Abenteuer der Silvesternacht", 325
[267] ebd, 328
[268] Cogny, 70
Übersetzung nach Schneider: „ohne es zu wissen...ein Doppelleben" 153

et ivisible, animé, par moments...notre corps captif..."[269] Als solches „Traum-Ich", als das Spikher sein Spiegelbild betrachtet, lässt sich seine Figur in Bezug auf den Reisenden Enthusiasten interpretieren. Schließlich hält dieser das Treffen mit Spikher teilweise für reines Traumgeschehen. Dafür spricht die Ähnlichkeit der dreifachen Pokalsszene: Als Julie dem Reisenden Enthusiasten auf der Silvestergesellschaft den Pokal reicht, gerät dieser in einen wahren Liebestaumel, wünscht ihre körperliche Nähe und gesteht ihr seine Gefühle. Dasselbe Schicksal ereilt Spikher während des Gelages in Italien, wenn Giulietta seine Sinne durch die Darreichung des Pokals vernebelt. In dem Traum, den der Reisende Enthusiast in der Herberge hat, treten Spikher und Schlemil als warnende Stimme der Vernunft auf, in der Funktion des Freud'schen Über-Ich.

Wenn man die beiden Charaktere unabhängig voneinander betrachtet, fällt auf, dass sie offensichtlich dasselbe träumen: Während dem Reisenden Enthusiast Julie im Spiegel erscheint, träumt Spikher von Giulietta. In dem Moment hat er genau wie Spikher sein Spiegelbild verloren.

Als gespaltene Person, der ihr Spiegelbild abhanden gekommen ist, trägt Spikher an sich, ohne sich auf den Reisenden Enthusiasten zu beziehen, eine Art der Doppelextistenz. Aglaja Hildebrock ist der Meinung, dass Spikher mit seinem Spiegelbild sein gesellschaftliches Ansehen verloren habe,[270] während Ronald Götting den Verlust der Möglichkeit zur Selbstreflexion betont,[271] die ihn offenkundig als launisches, von Stimmungsschwankungen verwirrtes Individuum hinterlässt. Dafür stehen seine beiden Gesichter; damit noch nicht genug, sind diese auch noch untereinander gespalten, so erkennt der Reisende Enthusiast den Schmerz auch in dessen jugendlichem Gesicht. Auch Spikhers Mantel, in dem sich tausend Gesichter zu spiegeln scheinen, weist ihn als Doppelgänger aus. Der eigenen Selbstreflexion beraubt, projizieren andere ihr Ich in ihn, so wie das ja auch der Reisende Enthusiast tut. Auch der Held aus „Le Hor-

---

[269] ebd, 71
Übersetzung nach Schneider: „das einen rätseln lässt, ob zwei Wesen in uns leben oder ob ein fremdes...Wesen für Augenblicke...von unserem hilflosen Körper Besitz ergreift."153
[270] Hildebrock, 194
[271] Götting, Ronald: „E.T.A. Hoffmann und Italien.". Peter Lang, Frankfurt a. M., 1992. 115

la" fühlt sich seiner selbst beraubt, beim Blick in den durch das unsichtbare Monster verstellten Spiegel.

In Hoffmanns Erzählung ist das Doppelgängermotiv besonders ausgeprägt. Spikher könnte man auch getrost als einen Reisenden Enthusiasten bezeichnen. Seine Erzählung lässt sich gleichnishaft auf die realistische Situation des Reisenden Enthusiasten beziehen.

3.1.6. Funktion und Motivation

Unter anderem in der Erzählung „William Wilson" hat Poe das Doppelgängermotiv aufgegriffen. Sie stellt die Lebensbeichte eines Sterbenden dar, der erst im Todeskampf seinen ihn zeitlebens verfolgenden Doppelgänger als Teil seiner selbst erkannt hat. Die Problematik des fremden Ich zeigt sich auch hier in einem fundamentalen Wandel des Protagonisten vom eigenbrötlerischen, aber durchaus respektierten Kind zum ehrlosen Betrüger. Er leidet unter der vermeintlichen Fremdherrschaft seines Doppelgängers, der, einem personifizierten Ehrgefühl gleich, die Pläne des Erzählers immer wider durchkreuzt. Der Aspekt der Vergänglichkeit erfüllt sich angesichts der Tatsache, dass der Erzähler im Moment des angeblichen Schreibens mit dem Tode ringt.

Was hat nun die Autoren dazu bewogen, sich mit der Thematik des fremden Ich zu befassen? Zunächst einmal spielt dabei der wissenschaftlich-philosophische Hintergrund des Idealismus und Mesmerismus, in dessen Fokus das Individuum gerückt war, eine ausschlaggebende Rolle. Vor allem E.T.A. Hoffmanns Doppelgängermetaphorik wird immer wieder mit seiner eigenen gespaltenen Existenz in Zusammenhang gebracht. Das mehrfache Scheitern als Künstler und die Rückkehr in seine bürgerliche Beamtenexistenz sprechen für sich. Daneben wird in der hier untersuchten Erzählung auch der Literaturrezeption Rechnung getragen in der Integration des Peter Schlemil, was auch für die übrigen Autoren von Belang ist. Palmer Cobb weist immer wieder auf Parallelen zwischen dem Deutschen und Poe hin, die sich auch in der französischen Fantastik niederschlagen haben; wesentliche Impulse dazu gingen ja gerade von der dort besonders hohen Popularität Hoffmanns aus. Maupassant hat sicherlich auch seine eigene Krankengeschichte inspiriert. „[Il] écrit du fond de lui-même ses cotes de l'instabilité, de la duperie et du dédoublement qui se déroulent tous dans und décor de néant."[272] Seine Halluzinationen sollen soweit gegangen sein, dass er sich einmal von einem Doppelgänger beobachtet fühlte, den er erst nach längerer Zeit als sein Spiegelbild erkannte.[273]

3.2. Fremdes Du

Die Irritationen des Ich werden häufig von einem weiblichen Du ausgelöst. Damit schlägt sich die Fremdheit zweifach nieder, zum einen, indem das Du gegenüber einem Ich ja stets das Unbekannte signalisiert, zum anderen, indem es als weibliches Du einem männlichen Ich gegenüber steht, das sowohl den Autor wie auch seinen Protagonisten repräsentiert. Das Ich stürzt sich in einen vorher völlig unbekannten Liebeswahn mit bisweilen fatalen Folgen.

Das Du wird als etwas Fremdes betrachtet, Krisen auslösend, die letztlich zu einem fundamentalen Wandel des Ich oder gar seinem Untergang führen, aber auch als etwas Vertrautes in seiner Ich-Bedingtheit, seiner Benutzung als Projektionsfläche männlicher Fantasie.

Die weiblichen Personen lassen sich durch fünf Hauptpunkte charakterisieren: Erstens wird die Frau ganz konkret mit den Attributen einer kulturellen Fremdheit belegt, zweitens durch ihre Macht über den Mann, ob sie diese nun willentlich oder nicht anwendet, diese Macht kann ganz irdisch sein, aber auch aus dem Jenseits, Himmel oder Hölle, stammen; drittens durch Widersprüchlichkeit, die ihre Grundlage häufig in Punkt vier hat, nämlich der Konstituierung des Du durch das betrachtende Ich.[274] Fünftens ist Weiblichkeit durch Fragmentierung gekennzeichnet, die oft selbst in ihrer Ichheit gespalten ist. Deborah A. Harters Behauptung der häufig fragmentarischen Zeichnung weiblicher Figuren wird sich bestätigen.[275]

Zunächst möchte ich die eben statuierten Prämissen in der Darstellung der namenlosen Frau in Schillers Geisterseher vorstel-

---

[272] Bancquart, 14
Übersetzung: Er schrieb seine Geschichten der Instabilität, der Betrügereien und der Verdopplung, die sich alle in einem Dekor des Nichts entwickeln, aus den Tiefen seines selbst.
[273] http://www.bautz.de/bbkl/m/maupassant_h_r_a.shtml
[274] Cronin, John D.: „Die Gestalt der Geliebten in den poetischen Werken E. T. A. Hoffmanns, Bonn, Univ., Diss., 1967, s. 30
[275] Harter, 3

len, um dann nach Ähnlichkeiten und Unterschieden in Hoffmanns Erzählungen „Die Abenteuer in der Silvesternacht", „Das Öde Haus" und Maupassants „La Chevelure" zu suchen. In die „Die Abenteuer der Silvesternacht" finden wir alle drei Basistypen des Hoffmann'schen Frauenbildes, wie Ronald Götting es beschreibt: Das Modell des „dämonische[n], zu sinnlicher Lust...verlockende[n] Weib[es]" vertritt Giulietta; dem gegenüber verkörpert Julie „die himmlische Künstlerliebe", während Spikhers Ehefrau die „etwas langweilige, philiströse...Hausfrau" darstellt.[276] Dennoch wird sich zeigen, dass ihre Charaktere durchaus ähnliche Züge tragen. Mosaikartig, und somit den fragmentarischen Charakter der Frau unterstreichend, lernen wir die Gräfin in „Das Öde Haus" kennen; auch in Maupassants „La Chevelure" steht dieser Aspekt weiblicher Fremdheit im Vordergrund.

3.2.1. Fremdes Du in Schillers „Der Geisterseher"

Bei dem Plan, die Konversion des Prinzen herbeizuführen, kommt der Gestalt der Frau im zweiten Buch eine tragende Rolle zu. Ihre Macht wird deutlich bei einem Vergleich zwischen Romananfang, als der Prinz dem „schönen Geschlecht" noch mit völliger Gleichgültigkeit gegenüber steht,[277] und Romanende, als er sich „mit einer fürchterlichen Leidenschaft, die jeden Tag wächst"[278] an die Namenlose gebunden hat, wodurch „sein ganzes Wesen [gewandelt] scheint".[279] Dass es sich dabei zunächst anscheinend um eine positive Macht handelt, suggeriert ihr madonnenhaftes Äußeres[280] und wird auch nicht von dem ansonsten skeptischen Baron F. bestritten, der sich erhofft, dass sie den Prinzen von „seinen metaphysischen Träumereien wieder zur ordinären Menschheit" herabziehen könne.[281]

Bereits bei der ersten Begegnung zeichnet der Prinz sie als Wesen des Widerspruchs: Nachdem sie sich von ihren Gebeten erhoben hat, erlebt der ohnehin schon faszinierte Prinz sie als „eine ganz neue Erscheinung".[282] Sie einem kulturellen Hintergrund zuzuordnen ist unmöglich: Kennen lernen wir sie als

---

[276] Götting, 123
[277] http://gutenberg.spiegel.de/schiller/geisters/geist001.htm
[278] http://gutenberg.spiegel.de/schiller/geisters/geist017.htm
[279] http://gutenberg.spiegel.de/schiller/geisters/geist017.htm
[280] http://gutenberg.spiegel.de/schiller/geisters/geist013.htm
[281] http://gutenberg.spiegel.de/schiller/geisters/geist014.htm
[282] http://gutenberg.spiegel.de/schiller/geisters/geist014.htm

Griechin, die überraschenderweise eine katholische Kirche aufzusuchen pflegt und Almosen in holländischen Dukaten verteilt.[283] Zuletzt enthüllt sich ihr inkognito als Deutsche von „edelster Abkunft".[284] Daneben ist ihr Verhalten gegenüber dem Prinzen nicht eindeutig: die plötzlichen und zahlreichen Einladungen[285] scheinen in einem Missverhältnis zu ihrer demonstrativen Frömmigkeit zu stehen.

Vor ihrer potentiellen Ich-Bedingtheit, der Eigenart der männlichen Protagonisten eigenen Wünsche in die Frau hinein zu projizieren, warnt Baron F immer wider seinen prinzlichen Schützling; so beschwört er ihn sich zu vergewissern, ob „sie etwas Lebendiges [sei], etwas Wirkliches, kein bloßes Gemälde, kein Gesicht [seiner] Phantasie".[286] Er hätte Verständnis dafür, dass der Prinz in seiner „entzündeten Phantasie sich etwas Idealisches... zusammensetzte".[287] Ein besonders schlagkräftiges Argument für ihre Ich-Bedingtheit finden wir in der völlig unbrauchbaren, zu persönlich geprägten Beschreibung ihrer Erscheinung durch den Prinzen.[288] Lediglich eine untergeordnete Rolle spielt die Fragmentarität der Frau, etwa indem der Prinz sich zunächst für ihr Haar begeistert.[289]

3.2.2. Kulturelle Fremdheit

Die Gegenüberstellung zwischen einem Du und einem Ich setzt schon per se Fremdheit voraus, die hier noch dadurch gesteigert wird, dass es sich beim Du um ein weibliches handelt. Diese Konnotation potenziert sich nun wieder durch die Zuordnung zu einer kulturellen Fremdheit. Dadurch wird das literarische Urbild weiblicher Dämonie, Medea, berührt.[290] In Hoffmanns „Das Öde Haus" hat Angelika ihre Zauberfähigkeiten von einer Zigeunerin verliehen bekommen[291]; Giuliettas italienische Landsleute sind „ganz phantastisch gekleidet"[292] genau wie Julie, deren „ganze Gestalt etwas Fremdartiges angenom-

---

[283] http://gutenberg.spiegel.de/schiller/geisters/geist015.htm
[284] http://gutenberg.spiegel.de/schiller/geisters/geist017.htm
[285] http://gutenberg.spiegel.de/schiller/geisters/geist017.htm
[286] http://gutenberg.spiegel.de/schiller/geisters/geist013.htm
[287] http://gutenberg.spiegel.de/schiller/geisters/geist014.htm
[288] http://gutenberg.spiegel.de/schiller/geisters/geist014.htm
[289] http://gutenberg.spiegel.de/schiller/geisters/geist014.htm
[290] Kristeva, 51 ff
[291] Hoffmann, „Das Öde Haus", 197
[292] Hoffmann, „Die Abenteuer der Silvesternacht", 332

men" zu haben schient.[293] Die Tote aus Maupassants „La Chevelure" entstammt einer fremden Zeit, der Sekretär, in dem ihre Haarlocke gefunden wird, aus Venedig. Explizit wird ihre Fremdheit in folgenden Worten: „Elle est revenue, la Morte, la belle morte, l'Adorable, la Mystérieuse, l'Inconnue." [294]

3.2.3. Macht

Die ohnehin bereits vorhandene Macht der Frauenfiguren wird ins Übernatürliche gesteigert. In ihrer Belegung mit Attributen des Altertümlichen verraten sie eine Nähe zum Mythos. Die Antagonistinnen bauen ihren Einfluss graduell auf, doch trägt dieser ambivalente Züge, indem die Protagonisten sich ihm teilweise entziehen können.

Ein ganz irdisches Ausmaß weiblicher Macht zeigt sich etwa in Giuliettas Verführungskünsten. „Dass [sie] über die Menschen…eine unwiderstehliche Macht übt"[295], die sie hier eher psychologisch ausspielt, wird evident, indem sie Erasmus Gedanken an seine Ehefrau immer wider durch gesteigerte „Liebenswürdigkeit"[296] oder Eifersuchtsszenen[297] ablenkt. Der Ehefrau nun kommt Macht als soziales Gewissen zu: Bei dem nächtlichen Gelage in Italien ist es keineswegs so, dass Spikher sich seine Frau herbeiwünscht, vielmehr bedauert er, dass seine Verpflichtung ihr gegenüber ihm den Kontakt zu fremden Frauen verbietet.[298] Als Mitglied der gesellschaftlichen Elite hat die Gräfin Angelika Teil an der Adelsmacht. Diese zeigt sich etwa, als sie ihren Vater davon überzeugt, die Zigeunerbande aus der Haft zu entlassen. Ihren gewalttätigen Wächter hat sie sich gefügig gemacht, indem sie ihn von ihren alchemistischen Fähigkeiten überzeugt hatte.

In der Erzählung „La Chevelure" hingegen gibt sich der Erzähler anfangs als Mann aus, der weiblichen Verführungskünsten gänzlich abhold ist. Obgleich er bereits viele Geliebte gehabt habe, sei sein Herz kalt geblieben.[299] Er gleicht damit dem

---

[293] ebd, 319
[294] http://maupassant.free.fr/cadre.php?page=oeuvre
Übersetzung nach Abret, Vax: „Sie ist wiedergekommen…die schöne Tote, …die Geheimnisumwitterte, die Unbekannte." 78
[295] Hoffmann, „Die Abenteuer der Silvesternacht", 337
[296] ebd, 337
[297] ebd, 339
[298] ebd, 333
[299] http://maupassant.free.fr/cadre.php?page=oeuvre

Schiller'schen Prinzen. Diesen Mangel an Gefühlen gegenüber dem tatsächlichen Du kompensiert er durch eine liebesartige Zuneigung zu alten Möbeln, die er mit Frauen gleichsetzt.

Die weibliche Macht erfährt eine Steigerung ins Übernatürliche. Obgleich fest zur Abreise entschlossen findet Erasmus Spikher sich unwillkürlich vor Giuliettas Haustür.[300] Kurz nachdem er ihr versichert hat, selbst nicht vor dem „schmachvollsten Verderben"[301] zurückzuschrecken, um bei ihr zu bleiben, wird er zum Mörder an seinem Rivalen. Giulietta reagiert offensichtlich auf Beschwörungsformeln, mit dem Mord hat sie ihrem Verehrer die Möglichkeit zu dem von ihm gewünschten „schmachvollsten Verderben" gegeben. An anderer Stelle lässt sie sich auf Spikhers Wunsch hin herbeizitieren.[302]

Als Antagonistin Giuliettas bezieht die Ehefrau Spikhers ihre Macht ebenfalls aus dem Übernatürlichen, allerdings der guten, himmlischen Seite. Genau wie ihre Gegenspielerin vermag sie die Gedanken ihres Mannes teilweise zu beeinflussen. So glaubt er ihre Stimme zu vernehmen, kurz bevor er sich auf den Verlust seines Spiegelbildes einlässt. Die positive Macht ermöglicht ihr sofort, die wahren Hintergründe für den Verlust des Spiegelbildes als Teufelswerk zu enttarnen. Später bannt ihr Geist unter Anrufung des Himmels Giulietta und Dapertutto. Die Macht der wahnsinnigen Gräfin Angelika in der Erzählung „Das Öde Haus" beruht auf einem Hexenpakt und magnetischer Kraft. Der zwanghafte Wunsch, ihre gescheiterte Hochzeit nachzuholen, veranlasst sie dazu, den fürs Übernatürliche sensiblen Theodor an sich zu binden.

Bei Maupassant finden sich Hinweise auf ein dämonisch mythisches Machtausmaß der Unsichtbaren im Vergleich der fixen Idee mit einem Vampir, der das Blut des Insassen trinke. Der Held entpuppt sich schließlich als Opfer der Erotik, die Marie-Claire Bancquart in ihrer Wirkung mit schwarzer Magie vergleicht.[303]

Die Belegung der Frauen mit Attributen des Altertümlichen unterstreicht deren Nähe zum Mythisch-Übernatürlichen. Genauso vampirartig wie die fixe Idee des Irren tritt auch Giulietta

---

[300] Hoffmann, „Die Abenteuer der Silvesternacht", 338
[301] ebd
[302] ebd, 346
[303] Bancquart, 62

auf: Ihre Aktivitäten scheinen sich auf die Nachtzeit zu beschränken, beim ersten Treffen mahnt sie noch vor Sonnenaufgang zum Aufbruch,[304] ihr letztendliches Verschwinden, das dann noch ein rabenflügelartiges Geräusch begleitet, erfolgt um diese Zeit.[305] Als „Liebesbeweis" fordert sie den Tod des Sohnes, trägt somit als Kindsmörderin und Verführerin Züge Liliths,[306] wie Goethe sie im Faust popularisiert hat.

Bei Hoffmann macht sich die Idee des Alten vornehmlich am Schmuck der Frauen fest: Die Ähnlichkeit Julies mit Giulietta zeigt sich vor allem in ihrer Tracht. Beide tragen „altertümlichen Putz".[307] Bei der Betrachtung des Reisenden Enthusiasten löst dieser ein zunächst unbestimmtes Wiedererkennen aus. Zunächst vergleicht er Julie noch bildhaft mit den Werken der eher mimetischen Barockmaler Mieris[308] in der Traumsequenz glaubt er jedoch, vor allem wegen des Schmucks, in ihr die dämonischen Frauenbilder eines Callot oder Breughel zu erkennen.[309] Die Gräfin Angelika trägt mit ihrem Brillantring, auf den Theodor sich immer wieder bezieht, genauso üppigen Schmuck, der auf besondere Art mit ihrer Macht verbunden scheint. Ebenso wie bei den dämonischen Frauengestalten Hoffmanns wird auch in Maupassants Erzählung das Alter betont: Das Schränkchen stammt aus dem 17. Jahrhundert, die Flechte umgibt ein Duft „si vieux qu'il semblait l'âme d'une odeur".[310]

Der von Hoffmann immer wieder bemühte Bildvergleich zur Charakterisierung der Frau ist hier in das zitierte Gedicht über historische Frauengestalten gekleidet. Die Charaktere, die darin Erwähnung finden, zeichnen sich durch ihre Mächtigkeit aus, Johanna von Orleans etwa verfügte über himmlische Macht, aber auch über politische.

---

[304] Hoffmann, „Die Abenteuer der Silvesternacht", 335
[305] ebd, 348
[306] Christow, Swantje: „Der Lilith-Mythos in der Literatur. Der Wandel des Frauenbildes im Literarischen Schaffen des 19. und 20. Jahrhundert". Shaker, Aachen, 1998. 21
[307] Hoffmann, „Die Abenteuer der Silvesternacht", 319,334
[308] ebd, 319, 334
[309] ebd, 330
[310] http://maupassant.free.fr/cadre.php?page=oeuvre
Übersetzung nach Abret, Vax: „so alt, dass er die Seele eines Duftes zu sein schien." 75

Ihren Einfluss auf die Protagonisten bauen die Frauen graduell auf.

Die Aneignung Giuliettas über der Persönlichkeit des Erasmus Spikher geschieht in drei rituellen Stationen: Der erste Schritt in die Abhängigkeit erfolgt, indem Giulietta eva-artig bei dem Gelage den Pokal weiterreicht. Durch den Spiegelhandel eignet sie sich einen Teil ihres Opfers an; im vereitelten Teufelspakt will Giulietta sich die ganze Herrschaft über Erasmus sichern. Julies scheinbares, dem der Giulietta ähnlichen Machtgebaren, deutet sich in der Traumsequenz an, indem auch sie dem Reisenden Enthusiasten den Pokal reicht. Im Gegensatz zur realen Begebenheit auf der Abendgesellschaft, beschwört Julie ihn nun geradezu zum Trinken. Durch den Beistand Spikhers und Schlemihls gelingt es ihrem potentiellen Opfer jedoch zu widerstehen und damit Julies Dämonenmacht zu brechen. Um die unbestimmte Anziehungskraft des Gebäudes auf Theodor zu verstärken, wirft Angelika Köder aus, etwa indem sie ihren Arm und später ihr Gesicht zeigt. Sobald nun Theodor beginnt, diese Erscheinungen rationalistisch zu überdenken, schreitet sie durch gedankliche Einflussnahme ein, etwa durch die nächtliche Vision bzw. als immer wieder kehrendes Spiegelbild. Die letzte Stufe, die von ihr geplante Vermählung, scheitert. Ähnlich den Hoffmann'schen Helden sieht sich der Insasse in „La Chevelure" einer dreifach abgestuften Herrschaftsübernahme der Frau ausgesetzt: Zunächst fühlt er sich von dem antiken Schränkchen, genau wie Theodor vom öden Haus, unbestimmt angezogen, das ihn zum zweiten Stadium verführt, dem wachsenden Zwang zum Besitz, der sich manifestiert in der hingebungsvollen Erforschung des Sekretärs; bei der Öffnung des Geheimfachs ist dem Erzähler „ qu'elle [lui] agitait, comme si quelque chose de l'âme fût resté caché dedans".[311] Auf der dritten Stufe wird dieser Besitzerzwang schließlich unwiderstehlich, der Protagonist erschafft sich seine Frau. Höhe- und Wendepunkt ist schließlich sein letztendlicher Besitzerstolz, der ihn dazu veranlasst die nicht vorhandene Frau vorzuführen. Solange ihre Macht den Protagonisten noch nicht gänzlich erfasst hat, ist es lediglich die geliebte Erinnerung, später ist es dann die von ihm zum leben erweckte Frau, die ihm überall hin

---

[311] http://maupassant.free.fr/cadre.php?page=oeuvre
Übersetzung nach Abret Vax: „als ströme daraus ein Aufwallen über [ihn]"76

folgt. Diese Macht bestätigt der Erzähler der Rahmenerzählung in seiner Reaktion auf die Berührung der Haarflechte.
Doch sind der weiblichen Macht Grenzen gesetzt.
Den Hoffmann'schen Helden gelingt es, sich durch die Hilfe anderer ihrem Zugriff zu entziehen: Erasmus Spikher wird von seiner Ehefrau gerettet, der Reisende Enthusiast in der Traumsequenz von Spikher und Peter Schlemil, Theodor schließlich kann durch den Diener dem Tod entrinnen. Im Falle Maupassants kann von einer solchen Bewahrung keine Rede sein, doch ist hier eine gewisse Ambivalenz der weiblichen Macht festzustellen: Schließlich ist es der Erzähler, der dem Zopf gottgleich Leben einhaucht; er fühlt sich so als hielte er in seinem Schränkchen ein lebendiges Wesen gefangen. Das Gefühl der Dominanz liegt auf Seiten des Mannes. Um seinem Ziel, dem Geheimnis des Schränkchens, nahe zukommen greift er zu Gewalt wie Deborah A. Harter betont: „… there is violation done as well to the body of the dresser, a body that has been gendered female…"[312]

3.2.4. Widersprüchlichkeit
Die weiblichen Figuren definieren sich durch ein hohes Maß an Widersprüchlichkeit und lösen widersprüchliche Empfindungen beim Betrachter aus.

Am offenkundigsten zeigt sich die Widersprüchlichkeit der Teufelsbündlerin Giulietta in ihrem immer wieder betonten engelsgleichen Äußeren. Dass Worte und Taten bei ihr auseinander klaffen, zeigt sich daran, dass sie dem verwunderten Erasmus ihre offensichtliche Zuneigung niemals gesteht. Er glaubt, dass sie ihn diese jedoch „ohne allen Rückhalt…merken" lasse.[313] Sobald sie für sich einen Machtzuwachs gegenüber ihrem Opfer wittert, schlägt die Milde, mit der sie gewöhnlich dem Liebeswahn Spikhers begegnet[314], in wilde Leidenschaft um.[315]

Spikhers Ehefrau stellt insofern Widersprüchlichkeit dar, als ihre fürsorglichen Ermahnungen an den Ehemann, nur ja nicht

---

[312] Harter, 48: „dem Körper des Schränkchens wird Gewalt angetan, einem Körper, der mit dem Weiblichen belegt ist."
[313] Hoffmann, „Die Abenteuer der Silvesternacht", 338
[314] ebd, 336
[315] ebd, 340

die Reisemütze zu verlieren[316] oder dem Sohn regelmäßig neue Hosen zu kaufen, sie als diesseitsverbundene Pragmatikerin ausweisen, ihren Titel der „lieben, frommen Hausfrau" bestätigen.[317] Doch steht auch sie mit dem Übernatürlichen im Bunde.

Mehr noch als ihre Genossinnen ist Julie von Widersprüchlichkeit geprägt. Sie ist einem ständigen Wandel unterworfen, oszilliert zwischen den gegensätzlichen Frauenbildern, wie sie Spikhers Ehefrau und Giulietta verkörpern, und ihren eigenen Rollen als ehemalige Geliebte und jetziger Spötterin hin und her. Mal verhält sie sich dem Reisenden Enthusiasten gegenüber betont abweisend,[318] mal sucht sie seine Nähe.[319] Wenn sie ihn „kindlich und fromm wie sonst"[320] anblickt, entspricht sie mehr ihrem alten Ich oder dem Bild der reinen Ehefrau Spikhers. Dann wieder betont der Erzähler die neue Fremdartigkeit ihrer Gestalt, die mit der Giuliettas nahezu identisch ist.[321] Höhepunkt ihrer Widersprüchlichkeit ist der Ausdruck ihres „engelschöne[n].... Gesicht[s] verzerrt zum höhnenden Spott."[322] Julies Widersprüchlichkeit hat ihren Grund in der starken Ich-Bedingtheit ihrer Beschreibung.

Angelika ist ein ebensolches Wesen der Gegensätzlichkeit. Theodor kann die alte Stimme, die der Konditor ihr zuspricht, und den jugendlich anmutenden Arm, den er selbst gesehen hat, nicht in Einklang bringen.[323] Am deutlichsten tritt die Widersprüchlichkeit in der Traumsequenz und im tatsächlichen Zusammentreffen zwischen Theodor und Angelika zum Vorschein. Bei seiner nächtlichen Vision kommt ihm „die...wunderbarherrliche Gestalt eines Mädchens in voller ... Jugendblüte"[324] entgegen, die sich schließlich in Luft auflöst, als eine „knotige Faust"[325] die magische Kristallflasche zerstört. Als Theodor und Angelika sich schließlich tatsächlich treffen, kommt es ihm so vor, als sei das echte „abscheuliche Gesicht

---

[316] ebd, 331
[317] ebd, 332,333,343
[318] ebd, 318
[319] ebd, 321
[320] ebd, 321
[321] ebd, 319,333
[322] ebd, 320
[323] Hoffmann, „Das Öde Haus", 176
[324] ebd, 176
[325] ebd, 177

nur eine Maske von dünnem Flor, durch die die Züge jenes holden Spiegelbildes durchblickten."[326]

Die Frauengestalten bei Hoffmann lösen beim Helden die widersprüchlichsten Empfindungen aus. John D. Cronin betont, dass das sich Verlieben immer wieder mit „Qual und Verlangen" einhergeht.[327]

Die gestaltlose, tatenlose Frau, die wir ausschließlich durch den teilweise einsichtigen Bericht des Irren kennen lernen, in Maupassants Erzählung „La Chevelure" kann als imaginierte Person gar nicht ohne Widersprüchlichkeit bestehen. Die Frage, wer und aus welchem Grund ihr das Haar abgeschnitten hat, lässt Raum für Spekulationen.

Widersprüchlich sind auch die von ihr, bzw. ihrem Haar ausgelösten Empfindungen: Der Irre ist bei dem ersten Kontakt mit dem Haarbüschel „plein de tristesse, et aussi plein de trouble",[328] der Erzähler der Rahmenhandlung von „dégoût et...envie"[329] erschüttert.

Vergänglichkeit und zeitlicher Wandel lösen diese Gegensätze aus. Durch die Belebung von und Hingabe zu einer toten, konservierten Frau versucht der Irre dieser Entwicklung zu entkommen. Hinzu kommt noch, dass er die Frau sowohl als Ehefrau betrachtet, mit der er sich gern in der Stadt zeigt, als auch als Geliebte, die er im Theater hinter vergitterter Loge zu verstecken glaubt.

Damit spiegelt sich in diesem Text ein ähnliches Dilemma wieder wie bei Hoffmanns „Abenteuer der Silvesternacht", beide Helden sind zwischen gesellschaftlich sanktionierter Ehe und ihrem Gegenteil, der Liebe zum Selbstzweck, hin und her gerissen.

3.2.5. Ichbedingtheit

„Hoffmanns Haltung der Geliebten gegenüber erweist sich...als grundsätzlich ichbezogen. Sein Interesse gilt nicht der Geliebten als Mensch. Es geht seinen Liebenden in erster Linie um die

---

[326] ebd, 191
[327] Cronin, 28
[328] http://maupassant.free.fr/cadre.php?page=oeuvre
Übersetzung nach Abret, Vax: „Traurigkeit und Aufruhr erfüllt" 76
[329] http://maupassant.free.fr/cadre.php?page=oeuvre
Übersetzung nach Abret, Vax: „Ekel und Verlangen" 79

Aufrechterhaltung ihres inneren Idealbildes."[330] Was John D. Cronin hier für die Frauengestalten E.T.A. Hoffmanns konstatiert, kann man jedoch auch mit vollem Recht auf Maupassants Darstellung übertragen. Das Du wird wesentlich vom Ich geschaffen, Ängste und Wünsche hineinprojiziert. Hier wird besonders deutlich, inwiefern Ich und Du nach Todorov zusammenhängen, die Beziehung des einzelnen zu seinen sexuellen Wünschen und seinem Unbewussten stellt sich im fremden Du dar.[331]

Die Ich-Bedingtheit Giuliettas finden wir mehr oder weniger explizit formuliert: Erasmus will sie als Traumbild wieder erkennen. Dass sie ihn liebt, liest er letzten Endes aus ihrem Verhalten.[332] Giulietta symbolisiert die Liebe zum Selbstzweck, Leidenschaft und Abenteuer, den nicht gesellschaftlichen Teil der Liebe, seine Frau hingegen die gesellschaftlich anerkannte Ausprägung in Form der Ehe. Als soziales Gewissen stellt sie einen Teil der Selbstsicht des Erasmus dar.

Die Widersprüchlichkeit Julies findet ihren Grund in der besonders deutlichen Ich-Bedingtheit ihrer Darstellung durch die Augen des Enthusiasten. Sie wird weniger durch eigene Aktivität charakterisiert als durch die Vermittlung des Erzählers. Ihm „war, als ginge ein Strahl aus herrlicher Vergangenheit…zu ihm herüber",[333] „es war" ihm als schaute sie ihn spöttisch an. Noch deutlicher wird die Konstituierung Julies durch den Reisenden Enthusiasten im Traumgeschehen, hier übt sie Giulietta ähnlich Macht aus. Dass sie Teil des Ich ist, wird im Auftauchen ihres Spiegelbildes deutlich, was auch bei Theodor der Fall ist.

In der Erzählung „Das Öde Haus" tritt die Thematik besonders problematisch zutage. Zwar konstituiert der Protagonist seine Geliebte im eigenen Geiste, allerdings bedingt durch die Gedankenkontrolle Angelikas.

Vor der grundsätzlichen Ich-Bedingtheit der Frau warnt der Passant, der Theodor bei der Observation der Unbekannten beobachtet: Er äußert Verständnis dafür, dass Theodor von dem, was er selbst für ein Portrait hält, so fasziniert ist, denn auch er

---

[330] Cronin, 34
[331] Todorov, 125
[332] Hoffmann, „Die Abenteuer der Silvesternacht", 334
[333] ebd, 319

habe in seiner Jugend dazu geneigt, sich „das Bild eines schönen Mädchens, kraft [seiner Fantasie]ins Leben" zu rufen.[334] Noch deutlicher wird die Ich-Bedingtheit, die Idee, dass die Frau Teil des Mannes ist, beim wiederholten Blick in den Spiegel, der die Fremde zeigt. So kommt es Theodor vor, als sei er „selbst die Gestalt und von den Nebeln des Spiegels umhüllt und umschlossen."[335]

Die Bedeutung der Ich-Bedingtheit ist in Maupassants Werk besonders groß. Schließlich handelt es sich bei der Frauengestalt ganz explizit um eine Einbildung. Die Frau, die der Irre in seinen Gedanken erschafft, weist sich ganz klar eine Projektionsfläche seiner eigenen Wünsche aus, also als Teil seiner Persönlichkeit. Während seine eigenen Zeitgenossinnen ihn nicht emotional erschüttern, erfüllt ihn „l'histoire des tendresses passées…le coeur de regrets".[336] Er ist „possédé par le désir des femmes d'autrefois"[337] und schafft sich eine. Die eigene Vergänglichkeit macht ihm zu schaffen, die Zeit „[lui] prend de seconde en seconde un peu de [lui] pour le néant de demain. Et [il] ne revivrai jamais"[338], was die von ihm in Gedanken erschaffene Frau ja tut. Bei der Berührung ihres Haars ist ihm, als habe er schon einmal gelebt, genau wie die von ihm geschaffene Frau, und sie in diesem anderen Leben gekannt. Hier klingt eine Ähnlichkeit an Spikher an, der glaubt Giulietta schon einmal im Traum gesehen zu haben.[339]

Bei der Entdeckung des Haars wandern seine Gedanken gleich in eine erotische Richtung. Die Gründe, die die Besitzerin hatte, ihre Flechte darin einzuschließen, könnten jedoch ganz andere sein. „Oui, je l'ai vue, je l'ai tenue, je l'ai euee, telle qu'elle était

---

[334] Hoffmann, „Das Öde Haus", 182
[335] ebd, 183
[336] http://maupassant.free.fr/cadre.php?page=oeuvre
Übersetzung nach Abret, Vax: „die Geschichte verwichener Zärtlichkeiten …das Herz mit Sehnsucht" 73
[337] http://maupassant.free.fr/cadre.php?page=oeuvre
Übersetzung nach Abret, Vax: „besessen vom Verlangen nach Frauen vergangener Zeiten"73
[338] http://maupassant.free.fr/cadre.php?page=oeuvre
Übersetzung nach Abret, Vax: „nimmt [ihm] von Sekunde zu Sekunde ein wenig [seiner] selbst… Und nie [wird er] nochmals leben" 74
[339] Hoffmann, „Die Abenteuer der Silvesternacht", 334

vivante autrefois",[340] behauptet er, was er ja auch nicht wissen kann.

Sicherlich nur bedingt ernst zunehmen ist die Behauptung des Physiognomen Fritz Reuel, Maupassants Vorliebe für blondes Haar, die sich in dieser Erzählung niederschlägt, entspringe seiner eigenen, als Defizit betrachteten, Dunkelhaarigkeit.[341]

3.2.6. Fragmentarischer Charakter

Auf die generelle Bedeutung des Fragments für die Fantastik macht Deborah A. Harter aufmerksam, was sich ihrer Meinung nach auch in der Darstellung von Weiblichkeit niederschlägt: „The body dismembered belongs to a single female individual, and she or her part is typically silent – indeed often dead – erotically valued and dangerous".[342]

Eine gewisse Fragmentisiertheit können wir bei Julie feststellen. Ihre Gegensätzlichkeit, ihr früheres Ich, und ihr heutiges, vereinigen sich zu einem dämonischen Ganzen in der Traumsequenz. Die Frauenmodelle, die Spikher in seinem Erlebnisbericht präsentiert, sind Zukunftsprojektionen oder aber auch Teilaspekte Julies. Sollten sich die Liebeswünsche des Reisenden Enthusiasten erfüllen und er von der reinen Künstlerliebe abkommen, so könnte Julie sich in die langweilige, um Nichtigkeiten besorgte Hausfrau wandeln, sich eine Veralltäglichung ihrer Beziehung einstellen, oder in eine ihrem italienischen Equivalent entsprechende Dämonin, die den nur fleischlichen Aspekt der Liebe darstellt und ihn schließlich seiner Willensfreiheit beraubt. Julie stellt Hoffmanns Idee der Künstlerliebe dar, die mit ihrer minneartigen Enthaltsamkeit im Unerreichbaren verharrt.

Sehr viel konkreter zeigt sich die Fragmentarität im Fall Angelikas. Der Erzähler setzt sie sich aus verschiedenen Eindrücken,

---

[340] http://maupassant.free.fr/cadre.php?page=oeuvre
Übersetzung nach Abret, Vax: „Ja, ich habe sie gehabt, wie sie ehedem im Leben gewesen ist" 78
[341] Reuel, Fritz: „Maupassant als Physiognomiker." Verlag, Marburg an der Lahn, 1916. 121
[342] Harter, 77
Übersetzung: „Der zergliederte Körper gehört einem einzelnen weiblichen Individuum, und sie oder ihr Körperteil ist normalerweise still, – oft sogar tot – wird erotisch bewertet und ist gefährlich."

wie der ihrer reich geschmückten Hand[343] und später ihrem Gesicht, bzw. den Aussagen des Konditors, zusammen. Die vorläufige Synthese ist nur im rauschähnlichen Zustand der Vision möglich, als „nach und nach ein holdes Antlitz..., dann aber die ganze...Gestalt eines....Mädchens hervor[trat]",[344] und dem magisch projizierten Spiegelbild. Doch auch diese Synthesen sind nicht abgeschlossen, bleiben bildhaft und werden schließlich als Trug entlarvt. Die eigentliche Vervollständigung ereignet sich im Treffen mit der Person Erdmondes. Als jugendliche Frau entspricht sie der Vergangenheit ihrer Tante, bzw. Mutter.

Die Gewichtung des fragmentarischen Charakters der Frau stellt neben der Ich-Bedingtheit einen zweiten Hauptpunkt in Maupassants Werk dar. Der Irre konstituiert die Frau durch die Betrachtung ihrer Haarflechte. Fragmentierung und Synthese von Weiblichkeit zeigen sich jedoch nicht nur in der von ihm geschaffenen Person, sondern auch auf einer strukturellen Ebene. In seinem Tagebuch spricht er zunächst allgemein von der Gesamtheit der Frauen vergangener Epochen als Auslöser für seine Antiquitätenleidenschaft. Die Möbel und Schmuckstücke waren einmal Teil dieser Frauen. Er sieht diese Gegenstände als Pars pro Toto, als Substitut. Die Besitzerinnen der von ihm gesammelten Gegenstände werden nun auch in einem ersten Schritt partiell dargestellt:„...souvent je pensais aux mains inconnues qui avaient palpé ces choses, aux yeux qui les avaient admirées, aux coeurs qui les avaient aimées...".[345] Bei der Betrachtung einer Uhr wird er dann konkreter; die vorher in ihrer Vielheit angesprochenen Frauen synthetisieren sich im konkreten Beispiel der Uhrbesitzerin, die jedoch auch wieder mit dem bereits zitierten Vokabular zergliedert dargestellt wird. Diese Episode wird durch eine zweifache Synthese abgeschlossen, indem der Erzähler bemerkt in Bezug auf die Besitzerin der Uhr „comme j'aurais voulu la connaître"[346], wie sehr er die Gesamtheit der toten Frauen beweint habe. In genauso einem zergliedernden und wieder synthetisierenden Verhältnis wird auch die Entstehung der Frau als seinem Wahngebilde darge-

---

[343] Hoffmann, „Das Öde Haus", 171
[344] ebd, 176
[345] http://maupassant.free.fr/cadre.php?page=oeuvre
Übersetzung nach Abret, Vax: „Häufig gedachte ich der Hände, die all das betastet, der Augen, die es bewundert, der Herzen, die es geliebt" 73
[346] http://maupassant.free.fr/cadre.php?page=oeuvre
Übersetzung nach Abret, Vax: „wie gern hätte ich sie kennengelernt"73

stellt. Zunächst statuiert er den Tod der Frau, ihr Haar ist einzig erhaltener Bestandteil ihrer Körperlichkeit. Überwindung der Vergänglichkeit scheint also möglich, wenn auch nur teilweise. Die Synthese der Frau kündigt sich graduell an: zunächst kommt es ihm nur so vor, als lebe in seinem Schrank ein lebendiges Wesen. Eines Nachts setzt er sie vollständig zusammen und ist sich nun sicher, dass die Toten wiederkehren. Ihre vollständige Zusammensetzung und die Tatsache, dass er sie vorführen will, leiten schließlich seinen Untergang ein.

Vom Zusammenhang zwischen Erotik und Magie war bereits die Rede, ohne jedoch zu erwähnen, dass beide sich auszeichnen durch „objets-supports qui parfois sont détachés de l'être vivant pour devenir en eux-mêmes fracteurs de désir".[347] Beispielsweise lassen sich in der Liebesmagie Wirkungen erzielen, indem man einen Körperteil des Geliebten magisch behandelt. In erotischer Hinsicht sei hier auf Fetischismus hingewiesen, den Harter betrachtet als „a sign and a guard against partilization."[348] Generell stellt Marie-Claire Bancquart für Maupassants Werk fest, dass er die Einheit der Welt in Fragmente aufteilt, die in ihrer Losgelöstheit Angst auslösen.[349]

3.2.7 Motivation und Funktion

Auch Edgar Allan Poe hat sich verschiedentlich mit der Thematik des fremden Du beschäftigt. Die Gestalt der Morella aus der gleichnamigen Erzählung erfüllt alle bei den anderen Autoren aufgedeckten Prämissen: Ihr genereller Fremdheitscharakter verstärkt sich durch ihre Zuordnung zum deutschen Kontext. Ihrem sich von ihr abwenden Ehemann, dem Erzähler, ist sie geistig überlegen, sie lässt ihn ihre Macht über das Grab hinaus in der Vernichtung der gemeinsamen Tochter spüren. Ihre Ich-Bedingtheit zeigt sich an dem proportionalen Schwund der Zuneigung des Ehemannes zu ihrem Gesundheitszustand. Das Fragmentarische klingt in der partiellen Beschreibung der Tochter an. Nicht ihr äußerlicher Gesamteindruck wird ver-

---

[347] Bancquart, 62
Übersetzung: „Zugriff auf Hilfsobjekte, die manchmal vom Lebendigsein abgetrennt sind, um selbst Teil des Verlangens zu werden"
[348] Harter, 48
Übersetzung: „ein Schild und Schutz gegen die Zergliederung"
[349] Bancquart, 70

mittelt, vielmehr werden einzelne Teile wie Lächeln und Augen mit denen der Mutter verglichen.

Auffallend ist die unterschiedliche Gewichtung der Thematik des Fremden Du in den einzelnen Werken: Bei Maupassants Text „La Chevelure" stehen Ich-Bedingtheit und Fragmentarität im Vordergrund, während es in Hoffmanns Texten die Macht ist, die vom fremden Du ausgeht.

Was hat nun die einzelnen Autoren dazu bewogen, das Weibliche so bedrohlich darzustellen?

Bereits in früher Jugend sah E.T.A. Hoffmann sich von der Liebe zu einer Frau regelrecht bedroht, wie John D. Cronin anhand seines Briefwechsels mit einem Jugendfreund nahe legt. Zweifellos sei es auch zum Teil die Angst vor dem Ich-Verlust, die ihn daran hinderte, sich einer Frau vollkommen hinzugeben.[350] Seine enttäuschte Liebe zu Julia Mark hat Spuren in der Verklärung der für ihn typischen Künstlerliebe hinterlassen.[351] Hoffmann blickt auch auf eine gescheiterte Ehe zurück.

Guy de Maupassant lebte jenseits gesellschaftlicher Konventionen, was die Liebe zum Selbstzweck mit einschloss. Sein unstetes Sexualleben hatte ihm 1877 die Syphilis eingebracht, wie er zunächst noch stolz einem Freund berichtete: "Sei's drum, ich habe die Pocken.... Die echten..., die Lustseuche,... und...ich bin stolz darauf....Alleluja! Ich habe die Blattern [Syphilis] und brauche nicht mehr Angst davor zu haben, sie mir zu holen."[352] Die Symptome verschlimmerten sich jedoch, neben Schmerzen kam es auch zu Halluzinationen. Kein Wunder also, dass Maupassant in der Frau eine Bedrohung sah.

Poe hat seine Frauengestalten häufig mit dem Tod in Verbindung gebracht in Anlehnung an seine lungenkranke, Jahre mit dem Tode kämpfende Ehefrau und Cousine Virginia.

Unabhängig von der Fantastik stand die literarische Frau im 19. Jahrhundert zunehmend im Lichte der Femme Fatale. Diesen Umstand begründet Swantje Christow nun mit männlicher „Furcht vor einem bevorstehenden Machtverlust des Patriar-

---

[350] Cronin, 10
[351] ebd, 15
[352] http://www.bautz.de/bbkl/m/maupassant_h_r_a.shtml

chats"[353], fielen doch auch erste Emanzipationsbemühungen in diese Epoche. Ihre Behauptung scheint mir jedoch zweifelhaft. Vielmehr sehe ich diese Negativzeichnung der Frau als psychologisch begründet in der zunehmenden Beschäftigung mit Sexualität.

---

[353] Christow, 32

4. Fremdes Leben – Fremde Kunst

Unter diesem Aspekt möchte ich mich mit inhaltlichen, vor allem jedoch strukturellen Aspekten fantastischer Literatur befassen. Insofern wird damit eine Dimension von Fremdheit angesprochen, als Kunst und Leben einander antipolar gegenüberstehen. Die Unvereinbarkeit von Kunst und Leben ist literarischer Topos, und zeigt sich besonders deutlich in dem Authentizitätsanspruch fantastischer Texte, der durch die Unglaubhaftigkeit des übernatürlichen Geschehens sich selbst ad absurdum zu führen scheint. Die durchaus realitätsnahen Charaktere werden oft als Künstlernaturen gezeichnet, die Novalis Forderung nach einer „Romantisierung" des Lebens befolgen, woraus ihre Dilemma oft erst entstehen.[354]

Während der inhaltliche Aspekt nicht in allen Werken deutlich zutage tritt, am wenigsten bei Poes „Metzengerstein", bezieht sich die strukturelle Untersuchung auf alle Werke, auch und vor allem auf Schillers „Der Geisterseher". Dessen generelle Zugehörigkeit zum Genre mag fraglich bleiben; im Strukturellen jedoch ist er eindeutig dem Fantastischen zuzuordnen, ja ist in dieser Hinsicht Initiator.

Die Thematisierung der Kunst-Leben Dichotomie transzendiert den mimetischen Charakter von Literatur; damit trägt die Fantastik dem Prinzip der romantischen Ironie Rechnung, die dem gottgleichen Künstler einer fiktiven Realität das Recht zuspricht, die von ihm geschaffene Welt auch wieder zu zerstören.[355]

Unter dieser Prämisse opponiert die Fantastik nun jedoch keineswegs gegen den realistischen Roman. Vielmehr ergänzen sich die beiden komplementär, wie Harter zu bedenken gibt. Während letzterer „points at every moment toward the wholeness of the world it represents…[f]antastic narrative …evokes this world in all its partialness."[356] In diesem Sinne ergibt Fan-

---

[354] http://www.puk.de/turjalei/romantik.htm
[355] ebd
[356] Harter, 2.
Übersetzung: …[der Roman] weist jeder Zeit auf die Vollständigkeit der von ihm dargestellten Welt hin…die fantastische Erzählung …erweckt diese Welt in all ihrer Zerrissenheit.

tastik „a reflective other,...in which realist discourse is dicovered in all its fragmented, ‚fantastic' nature."[357]

4.1. Thematischer Aspekt

Einen Teil der Kunst-Leben Dichotomie macht die direkte Thematisierung von Kunst aus. Diese erfüllt unterschiedliche Funktionen: Die Kunst wird etwa in einer dienenden Funktion geschildert oder weist die Charaktere als besonders kultiviert aus. In den einzelnen Texten ist sie unterschiedlich stark ausgeprägt. Während Hoffmanns Protagonisten ausgesprochene Künstlernaturen sind, missbraucht der Held Maupassants in „La Chevelure" Kunst zur Realitätsflucht. In „Le Horla" und bei Poes „Metzengerstein" spielt die konkrete Thematisierung hingegen lediglich eine untergeordnete Rolle.

Die Untersuchung beschränkt sich hier im wesentlichen auf zwei Aspekte, nämlich den der Intertextualität, ob explizit im Bezug auf andere Autoren, oder implizit in der Verschleierung solcher Referenzen, sowie der Intermedialität, der Integration literaturfremder Bereiche wie bildende Kunst oder Musik.

4.1.1. Schillers „Der Geisterseher"

Explizite intertextuelle Bezüge finden wir in Schillers Werk etwa in der wiederholten Wendung zu William Shakespeare. Gleich zum Auftakt, nachdem sich die Prophezeihung vom Tod des Thronfolgers bewahrheitet hat, nutzt der stark dem Übernatürlichen verhaftete Prinz die oft zitierten Hamletworte: „Es gibt mehr Dinge im Himmel und auf Erden, als wir in unsern Philosophien träumen."[358] Der Geist des Armeniers hilft ebenfalls Hamlet-artig bei der Aufklärung eines Mordes. Wiederholt verweisen die Erzähler auf die italienischen Dichter Ludovico Ariosto (1474-1533)[359] und Torquato Tasso (1544-1595); Ariosts Hauptwerk „Orlando Furioso" ist an die mittelalterlichen Chancons de Gestes angelehnt, und beinhaltet damit auch eine Liebesgeschichte; das Leben Tassos bot wegen seiner tragischen Liebesbeziehungen Stoff für die Oper.[360] Im Verweis auf diese

---

[357] ebd, 4
Übersetzung: ein reflexives Anderes, ...in dem der realistische Diskurs in all seiner fragmentierten, „fantastischen" Natur entdeckt werden kann.
[358] http://gutenberg.spiegel.de/schiller/geisters/geist001.htm
[359] http://www.kirjasto.sci.fi/ariosto.htm
[360] http://www.kirjasto.sci.fi/ttasso.htm

Dichter entlarvt der Baron die Beschreibung der unbekannten Geliebten des Prinzen als literarisch impliziertes Wunschdenken.[361] Der Graf von O. vergleicht den Magiebetrug des Armeniers in seinem perfekten dramatischen Aufbau mit den Regeln des Aristoteles.

Auch weniger explizite Intertextualität ist hier zu finden, etwa in der Erzählung des eingekerkerten Sizilianers, der eine Gespenstergeschichte zum Besten gibt. Sowohl ihr Lokalkolorit als auch die Handlung, etwa die Entführung des Adligen durch Seeräuber, erinnern an Giovanni Boccaccios Novellensammlung „Decamerone". Die Figur des Armeniers wird mit seiner Unsterblichkeit und den übersinnlichen Kräften als mythischer Charakter chiffriert, indem der Erzähler ihn als den antiken Magier Apollonius oder Jünger Johannes präsentiert.[362] Sehr viel allgemeiner als in der Erzählung des Gefangenen fällt der Literaturbezug bei Civitella aus, der versucht den Prinzen durch eine Anekdote zu unterhalten, die er deshalb für bemerkenswert hält, weil sie ihm als „zu einem Roman die Anlage gemacht" erscheint.[363]

Intermedialität finden wir bei Schiller vor allem in Bezug auf die Person der Griechin. Ganz wie später die Hoffmann'schen Helden, glaubt auch der Prinz die von ihm begehrte Frau bereits zu kennen. Er hatte sich in ein Mariengemälde eines Florentiner Malers verliebt, und glaubt nun in ihr das reale Gegenstück „ganz bis auf die unregelmäßigen Eigenheiten"[364] gefunden zu haben. Durch diesen Kunstvergleich unterstreicht der Prinz die Unwirklichkeit dieser Person.

Ferner spielt in diesem Werk die Musik eine Rolle, indem der Prinz seinen Diener dazu anhält, ihm in unruhigen Nächten mit Musik zum Schlaf zu verhelfen.[365]

Einerseits dienen diese Anklänge an Literatur und andere Künste zu einer Transzendierung des Kunstgehaltes des eigenen Werkes, andererseits, wie etwa das Interesse des Prinzen an der Architektur, weisen sie die Charaktere als Glieder einer mondänen Gesellschaft aus.

---

[361] http://gutenberg.spiegel.de/schiller/geisters/geist014.htm
[362] http://gutenberg.spiegel.de/schiller/geisters/geist005.htm
[363] http://gutenberg.spiegel.de/schiller/geisters/geist015.htm
[364] http://gutenberg.spiegel.de/schiller/geisters/geist013.htm
[365] http://gutenberg.spiegel.de/schiller/geisters/geist011.htm

4.1.2. Intertextualität

Ganz explizit zeigt sich die Intertextualität im Falle von Hoffmanns Erzählung „Die Abenteuer der Silvesternacht" im Bezug auf Adalbert von Chamissos Werk „Peter Schlemil". Unverholen versteht sich Hoffmann hier als Nachahmer. Genau wie in der Rahmenerzählung in „Das Öde Haus",[366] wo die Erzähler den historischen Roman mit Anleihen an das Wunderbare kritisieren, unterstreichen diese Referenzen den Kunstcharakter des eigenen Werkes. In eine gewisse Ironie kleidet Hoffmann den künstlerischen Anspruch seiner Charaktere, etwa indem der Reisende Enthusiast seine plötzliche Bierlaune mit einem Shakespearezitat rechtfertigt.[367] Wenn Theodor immer wieder vom „prosaischen Dämon" aufgerüttelt wird, zeichnet er sich ebenfalls als eine solche Künstlernatur aus. Auch bei Maupassants „Le Horla" lesen wir einen direkten Hinweis auf Alexandre Dumas den Jüngeren, dieser dient allerdings eher dazu den Protagonisten als Teil einer mondänen Gesellschaft zu skizzieren,[368] genauso der Protagonist aus „La Chevelure", wenn er eine Ballade Francois Villons (1431-1463?) zitiert.[369] Bei Poe verrät der Bezug auf Bibel und das alte Rom das mythische Ausmaß der Grausamkeiten Friedrichs.[370]

Weit bedeutender scheint mir ein verschleierter intertextueller Bezug Maupassants auf Hoffmanns „Das Öde Haus". Parallelen sind etwa die zentralen Abendgesellschaften, bei denen die Protagonisten mit dem Mesmerismus konfrontiert werden, oder ihre jeweilige wissenschaftliche Lektüre: Während Theodor das psychiatrische Standardwerk Reils[371] liest, gewinnt der Held des Franzosen Anregungen durch den fiktiven Autor Hermann Herestrauß,[372] dessen Name deutlich in die Richtung der vor allem in Deutschland populären romantischen Wissenschaften weist. Diese Lektüre kommt jeweils einem Schlüsselerlebnis gleich. Daraus wird offensichtlich, dass „...chez Maupassant, le fantastique a deux sources distinctes: l'une purement littéraire ...l'autre authentiquement biographique.."[373]

---

[366] Hoffmann, „Das Öde Haus", 165
[367] Hoffmann, „Die Abenteuer der Silvesternacht", 322
[368] Cogny, 72
[369] http://maupassant.free.fr/cadre.php?page=oeuvre
[370] Poe, 673
[371] Hoffmann, „Das Öde Haus", 184
[372] Cogny, 87
[373] Lemonnier, Léon: „Edgar Allan Poe et les conteurs francais." Paris, 1947. 61

Hier zeigt sich jedoch nicht nur ein literaturimmanenter Bezug, sondern auch einer zum zeitgenössischen Wissenschaftsdiskurs.

Genau so wenig explizit sind generelle Anleihen aus anderen Genres, etwa dem Märchen- oder Mythenhaften. In Hoffmanns „Die Abenteuer der Silvesternacht" klingt diese in der wiederholten Begegnung mit dem Teufel an oder dem Charakter des Zauberhaften, mit dem Theodor die Bewohnerin des öden Hauses belegt, bei Maupassant in der Begegnung mit dem Mönch, dem Nachtmahr bzw. in der vampirhaften Beschreibung der unsichtbaren Antagonistin in „La Chevelure". In dieser Erzählung fühlt man sich in den Spekulationen des Protagonisten um die Herkunft des Haarbündels an galante Romanzen des 18. Jahrhundert wie etwa „Verbotene Liebschaften" erinnert.

Diese intertextuellen Referenzen erfüllen unterschiedliche Funktionen: So dienen sie dazu, die agierenden Charaktere zumindest als kunstbeflissen darzustellen, wenn sie sich nicht gar selbst als Künstlernaturen betrachten. Darüber hinaus klassifizieren sie den Text als Kunstprodukt, die Autoren definieren damit ihr Werk also als Teil einer Tradition. Es wird damit aber auch gezeigt, wie die Kunst unsere Vorstellungen prägt, dies gilt vor allem für „La Chevelure".

4.1.3. Intermedialität

Als intermediale Momente treten bildende Kunst auf, unter der ich auch das Kunsthandwerk und Architektur subsumieren möchte, und Musik, die in ihrer positiven Auswirkung auf den Menschen auch in der mesmeristischen Therapie eingesetzt wurde.

Der Vergleich der Frau mit einem Kunstwerk steht in dieser Hinsicht bei Hoffmann im Vordergrund, der damit sicherlich implizit auch eine Anleihe an Schiller getan hat. Giulietta und Julie werden zunächst mit den Darstellungen von Malern wie der Dynastie der Mieris oder eines Peter Paul Rubens verglichen. Julie „war beinahe anzusehen wie die Jungfrauen auf den Gemälden von Mieris",[374] Giulietta so als „als wandle ein Frau-

---

Übersetzung: bei Maupassant das Fantastische zwei voneinander zu unterscheidende Quellen hat: eine rein literarisch, die andere authentisch biografisch.
[374] Hoffmann, „Die Abenteuer der Silvesternacht". 319

enbild von Rubens oder dem zierlichen Mieris daher".³⁷⁵ Bei der generellen Darstellungsart dieser Barockkünstler passt auch die Beschreibung der unsichtbaren Geliebten aus „La Chevelure" zu diesem Vergleich: Der Protagonist will sie gesehen haben, „telle qu'elle était vivante autrefois, grande, blonde, grasse, les seins froids, la hanche en forme de lyre."³⁷⁶ Die Altertümlichkeit, mit der der Reisende Enthusiast Julie belegt und die Giuliettas Aufmachung auszeichnet, weckt in ihm eine unbestimmte Erinnerung, die sich ihm in der Traumsequenz durch Spikher wieder in einem Bildvergleich enthüllt, diesmal mit den grausamen Frauendarstellungen der Breughels und Jacques Callots.³⁷⁷ Die Tradition der grausamen Frau wird hier auf Julie/Giulietta übertragen. Auch die Antagonistin in „Das Öde Haus" erweckt den Eindruck eines „lebhaft gemalten Bildes".³⁷⁸ Diesen Bildvergleich greift John D. Cronin auf: Die Frau, in die sich eine Hoffmann'sche Künstlernatur verliebt wirkt so, als hätten sie bereits zur Entstehung eines Kunstwerkes gedient.³⁷⁹ Meiner Meinung nach unterstreicht der Autor damit aber auch die Unwirklichkeit und damit verbundene Unerreichbarkeit der Frauen, getreu seinem Ideal der Künstlerliebe.

Eine weitere Referenz beinhaltet das Gespräch in der Gaststätte, bei dem das Thema der mimetischen Kunst aufgegriffen wird. „Wie aus dem Spiegel gestohlen"³⁸⁰ soll ein von den drei Figuren besprochenes Portrait aussehen, fast wie aus dem Spiegel gestohlen ist die Hoffmanns Hommage an Chamisso. Die Intermedialität dient hiermit also wieder einmal der Transzendenz des eigenen Textes.

In der Ahnengalerie der Metzengersteins nun entsteigt tatsächlich ein offensichtlich überaus realistisch gemaltes Pferd seinem Bild und führt ein für den Protagonisten fatales Eigenleben. Hier wird Kunst jedoch nicht direkt thematisiert, vielmehr gezeigt, dass sie eine durchaus dienende, zweckmäßige Funktion

---

³⁷⁵ ebd, 334

³⁷⁶ http://maupassant.free.fr/cadre.php?page=oeuvre
Übersetzung nach Abret, Vax: „wie sie ehedem im Leben gewesen ist, groß, blond, füllig, mit kalten Brüsten, die Hüften geformt wie eine Leier..."78

³⁷⁷ Hoffmann, „Die Abenteuer der Silvesternacht", 330

³⁷⁸ Hoffmann, „Das Öde Haus", 179

³⁷⁹ Cronin, 20

³⁸⁰ Hoffmann, „Das Öde Haus", 326

erfüllt, etwa als Träger historischer Information bzw. zu repräsentativen Zwecken.

Eine eskapistische Dimension zeigt sich in Maupassants „La Chevelure": Die Besessenheit des Tagebuchautors entzündet sich an antiken Kunsthandwerk, das er wegen seiner geringeren Vergänglichkeit schätzt. Mit der Liebe zur Kunst entzieht sich für ihn offensichtlich jede Möglichkeit zu einer normalen Beziehung zu einem menschlichen Gegenüber, was ihn schließlich in die Nervenheilanstalt führt. Kunst und Leben sind nicht vereinbar; Kunst ist unvergänglicher. Diese Idee greift Poe in seiner Erzählung „The Oval Portrait". Ein intermedialer Aspekt bei Maupassants „Le Horla" findet sich etwa in der Betrachtung gotischer Kunst, vorzüglich den bildhauerischen Werken der gotischen Kathedrale. Die Kunst wird hier auch in einer dienenden, diesmal erklärende Funktion dargestellt, in den monströsen Wasserspeiern verleiht sie dem namenlosen und unsichtbaren Schrecken ein Gesicht. Die Konnotation des Glaubensbereichs mit dem Alten deutet an, dass auch die Idee einer solch dienenden Kunst antiquiert ist. Andererseits handelt der Protagonist mit seinem Tagebuch ganz ähnlich, indem er dem unsichtbaren Schrecken den Namen „Horla" gibt.

Eine dienende, eskapistische Funktion erfüllt auch die Musik, ihr kommt in Hoffmanns Texten fast die Wirkung und Bedeutung einer Droge zu. Der Reisende Enthusiast fühlt sich von „den Schwanenfittichen des Gesanges" in sein „höchstes Sonnenleben" erhoben.[381] Ob die Gefühlsregung, die ihn veranlasst Julie seine Liebe zu gestehen, nun vom Wein oder der Musik herrührt, bleibt gleichgültig. Bei Giuliettas Gesang scheint „es, als gingen aus tiefster Brust Himmelstöne hervor, nie gekannte, nur geahnte Lust in allen entzündend."[382] Auch der Maupassant'sche Tagebuchautor beschäftigt sich mit der Musik und den Tönen, die er wegen ihrer Unsichtbarkeit ins Übernatürliche rückt. Die Musik war wesentlicher Bestandteil der mesmerischen Praxis, erfüllt somit eine therapeutische Funktion.

4.1.4. Motivation und Funktion

Die mehr oder weniger direkte Thematisierung von Kunst und Literatur erfüllt in den Texten ganz verschiedene Funktionen:

---

[381] Hoffmann, „Die Abenteuer der Silvesternacht", 321
[382] ebd, 335

Sie weist Protagonisten als Teile der mondänen Gesellschaft aus, erfüllt dienende Funktion als Träger von Information, etwa in Poes Ahnengalerie, oder sogar als Rauschmittel. Vor allem Hoffmann als Multikünstler - neben seinem literarischen Schaffen war er grafisch und musikalisch aktiv - stellt die einzelnen Künste gleichberechtigt nebeneinander. Jürgen Barkhoff ist der Meinung, dass, wenn Hoffmann Kunst mit Mesmerismus, also der Wissenschaft, in Verbindung bringt, er dafür sensibilisieren möchte, dass die Kunst einerseits ihre Unschuld verloren habe, der Mensch jedoch weiterhin auf das Gefühl der Erhabenheit, das sie vermittelt, angewiesen bleibe.[383] Weniger pessimistisch äußert sich das zeitgenössische Empfinden in Friedrich Wilhelm Joseph Schellings (1775-1854) Postulat, nach dem Kunst ein „thätiges Band zwischen der Seele und der Natur" sei.[384] Poe als Verfechter eines L'Art pour L'Art - Prinzips muss vor allem die dienende Funktion von Kunst ein Dorn im Auge sein, genau wie Maupassant, der sich dadurch von anderen Naturalisten unterscheidet, dass er in seinem durchaus gesellschaftskritischen Gesamtwerk nicht mit der Vision einer besseren Welt aufwartet.[385] Andere Autoren seiner Epoche, wie Emile Zola, begriffen Literatur eher als Möglichkeit in der Beschreibung von Missständen gesellschaftspolitisch zu wirken. Maupassant erscheint in seinem fantastischen Werk eine Kunst zum Selbstzweck zu betreiben.

4.2. Struktureller Aspekt

Unter diesem Punkt möchte ich nochmals kurz an die Fantastikdefinition Muriel Stifflers erinnern.

Muriel Stiffler stützt sich bei ihrer Definition im Wesentlichen auf strukturelle Eigenheiten des fantastischen Textes. Neben der ersten fantastischen Bedingung, der Präsenz des Übernatürlichen, weist sie fünf weitere Punkte als das Fantastische konstituierend aus: erstens die strukturelle Organisation der Texte: Häufig unterbrechen Binnenerzählungen das eigentliche Geschehen, die Abstraktionen bzw. Gleichnisse der Haupthandlung darstellen. Dadurch nun entsteht ein Pandeterminismus, dem sich die Protagonisten gegenüber sehen. Dazu bemerkt Deborah A. Harter: „fantastic narrative is doomed from

---

[383] Barkhoff, 221
[384] Tap, 66
[385] Bancquart, 57

the beginning not to find new unity..."³⁸⁶ Als zweiten Punkt führt Stiffler die für mich gerade in der Kunst-Leben Dichotomie ganz entscheidende Wahrhaftigkeitsfiktion an. Ziel des Autors sei die Erweckung von Gefühlen beim Leser: „The aim is often partly achieved by presenting the story in a seemingly realistic manner, so that despite a temporary assent to the supernatural the reader is initially mislead. Thus, the events ...occur within a realistic framework..."³⁸⁷ Drittens stellt sie die Kürze der Texte heraus, die einer Spannungssteigerung dienen.

Wichtiger erscheint mir jedoch ihr vierter Punkt, nachdem sich ein fantastischer Text durch „a sense of incompleteness"³⁸⁸ auszeichnet. Er unterstreicht die Offenheit des Lebens und steigert die unter Punkt zwei beschriebene Wahrhaftigkeitsfiktion. Als letzten Punkt wendet sich Stiffler den sprachlichen Eigenheiten der Fantastik zu, auch ein wichtiger Punkt, der die Ungewissheit der Charaktere gegenüber ihrer Situation ausdrückt. Er gehört allerdings weniger in den Bereich der Kunst-Leben Dichotomie und soll daher hier vernachlässigt werden.

Im Folgenden möchte ich mich nun den für die Kunst-Leben Dichotomie wesentlichen Aspekten der strukturellen Organisation, der Wahrhaftigkeitsfiktion und dem fragmenthaften Charakter widmen, die in allen Texten gleichermaßen vertreten sind. Dabei erfährt Schillers Erzählung „Der Geisterseher" eine besonders gründliche Analyse wegen ihres Vorbildcharakters.

4.2.1. Schillers Geisterseher

4.2.1.1. Strukturelle Organisation

Die allgemeine strukturelle Organisation von Schillers „Der Geisterseher" gestaltet sich äußerst komplex. Es handelt sich dabei um die fiktiven Memoiren des Grafen von O, die durch Briefmaterial des Baron F. ergänzt werden. Die häufig in der

---

[386] Harter, 48
Übersetzung: die fantastische Erzählung ist von Anfang an dazu verdammt, keine neue Einheit zu finden.
[387] Stiffler, 14
Übersetzung: Das Ziel ist oft teilweise erreicht, indem der Autor die Erzählung auf anscheinend realistische Weise darstellt, so dass trotz eines vorübergehenden Wirkens des Übernatürlichen, der Leser zunächst fehlgeleitet wird. Daher ereignen sich die Geschehnisse in einem realistischen Rahmen."
[388] ebd, 15
Übersetzung: „eine gewisse Unabgeschossenheit"

fantastischen Literatur anzutreffende Rahmenhandlung liefert der Graf in seinem Vorwort und in späteren Ergänzungen, so am Ende des ersten und zweiten Buches. Darin nimmt er auch das Ende der Fragment gebliebenen Erzählung vorweg.

Scheinbar lose aneinander gereihte Episoden erschließen sich erst durch das Lesen des Gesamttextes und lassen daraus Schlüsse auf einen das gesamte Werk durchziehenden Pandeterminismus zu. Dies wird besonders deutlich beim Blick auf eine von mehreren Binnenerzählungen, nämlich der des infolge seines Magiebetruges eingekerkerten Sizilianers.

Diese stellt nun ihrerseits wieder eine genuin fantastische Erzählung im Sinne Stifflers dar. Der Einbruch des Übernatürlichen geschieht in der Person des hier eindeutig geisterhaft belegten Armeniers;[389] Bidimensionalität entsteht im strukturellen Nebeneinander zwischen inszeniertem und echtem Spuk; im Hinweis auf die direkte Beteiligung des Erzählers am Geschehen und verstärkt durch die Einkleidung in realistisches Lokalkolorit ist dem Warhhaftigkeitsanspruch genüge getan;[390] für diese Binnenerzählung gelten nun auch eine relative Kürze und Handlungsarmut, bei den Charakteren findet keine persönliche Entwicklung statt; einen gewissen fragmentarischen Charakter erhält sie durch das Vorenthalten entscheidender Informationen,[391] die sprachliche Dimension der Fantastik schlägt sich beim Auftritt des Armeniers nieder: „..Die Freude...schien an diesem einzigen vorüberzugehen...",[392] er scheint die Trauer der Braut zu teilen.

Konkrete Strukturparallelen zwischen Teil und Ganzem ergeben sich etwa in der nicht Preisgabe der Namen der beteiligten Personen[393] oder im zeitlichen Aufbau der Texte: Graf von O schreibt seine Memoiren im Rückblick auf die Vergangenheit – den Aufenthalt des Prinzen in Venedig – im Hinblick auf eine Veröffentlichung nach seinem Tode. Es zeigt sich eine dreifache Vergangenheitsdimension[394] genau wie in der Erzählung des Sizilianers. Auch er blickt auf eine Vergangenheit zurück - sei-

---

[389] http://gutenberg.spiegel.de/schiller/geisters/geist005.htm
[390] http://gutenberg.spiegel.de/schiller/geisters/geist00.htm
[391] http://gutenberg.spiegel.de/schiller/geisters/geist007.htm
[392] http://gutenberg.spiegel.de/schiller/geisters/geist007.htm
[393] http://gutenberg.spiegel.de/schiller/geisters/geist001.htm
http://gutenberg.spiegel.de/schiller/geisters/geist006.htm
[394] Stiffler, 25

nen Aufenthalt im Hause der neapolitanischen Adelsfamilie – und berichtet über eine Vorvergangenheit – den Mord am erbberechtigten Sohn.

Neben diesen strukturellen Beziehungen zwischen Binnenerzählung und eigentlichem Plot fallen auch deutliche inhaltliche Parallelen auf: In beiden Texten steht eine Intrige im Mittelpunkt. Der jüngere Sohn bringt sich durch Mord in den Genuss der Privilegien des Erstgeborenen. Der Prinz nun ist hauptsächlich unschuldiges Opfer einer Intrige mit demselben Ziel, bis er schließlich selbst zum Verbrechen greift, um den Thron zu besteigen.[395] Weitere Parallelen sind etwa Magieglaube und religiöse Schwärmerei des Adels, die Erscheinung des Armeniers, inszenierter oder echter Spuk, und die erwachende Leidenschaft der Protagonisten für das weibliche Geschlecht. Das letzte Thema dominiert die Binnenerzählung des Marchese di Civitella. Sie wirft nun insofern Licht auf den Gesamttext, als sie andeutet, dass Civitella durch eine mögliche Bekanntschaft mit der Griechin, die ihrerseits mit dem Armenier in Kontakt steht, in die Intrige verstrickt ist.

Diese strukturelle Organisation, die durch ihre logischen Bezüge vor allem ein Gefühl des Pandeterminismus schafft, ist nun deshalb in der Fremdheitsdimension zwischen Kunst und Leben von Bedeutung, weil eine solch durchkonstruierte Ordnung in der Realität schlicht nicht existiert.

4.2.1.2. Wahrhaftigkeitsfiktion

Der in Schillers Werk besonders ausgeprägte Anspruch auf Wahrhaftigkeit äußert sich gleich in der Einleitung des Grafen von O und spiegelt sich in den Binnenerzählungen wieder. Verstärkt wird dieser Eindruck durch die wechselnden Erzählperspektiven. Während das erste Buch einen Rückblick aus erster Hand auf die Zeit, die der Graf mit dem Prinzen in Venedig verbracht hatte, darstellt, besteht das zweite aus Briefen des Baron F an den abgereisten Grafen, der sich nur noch gelegentlich selbst kommentierend zu Wort meldet. Diese Briefe nun tragen noch mehr faktischen Schein, da sie sehr viel unmittelbarer wirken als die Erzählung des Grafen. Genaue Ortsbezeichnungen unterstützen den Eindruck des Tatsachenberichtes, ebenso wie die Chiffrierung der Namen der Akteure. Doch wird diese

---

[395] http://gutenberg.spiegel.de/schiller/geisters/geist009.htm

Illusion gelegentlich gebrochen, indem sich im Übergang vom ersten zum zweiten Buch etwa eine vorher stumm gebliebene übergeordnete Erzählerinstanz einschaltet.[396]

Gleich im ersten Satz betont der Graf, dass er Augenzeuge der von ihm beschriebenen Begebenheiten war. Die Brisanz seiner Informationen unterstreicht er durch den Wunsch einer erst posthumen Veröffentlichung, die ihm dann nicht mehr zu Schaden gereichen könne, und durch die Chiffrierung der Namen. Dadurch wird die Geschichte nicht mehr direkt nachvollziehbar, dafür jedoch allgemeingültiger, da nur noch wenige die wahren Zusammenhänge wissen können.[397]

Auch der Sizilianer behauptet, Augenzeuge des Geschehens seiner Geschichte gewesen zu sein, die er an einen recht spezifisch bezeichneten Ort im Süden des Landes ansiedelt.[398] Um noch lebende, darin verwickelte Personen zu schützen, verzichtet auch er auf eine vollständige Namensnennung, einen Umstand, den der Prinz gerade wegen der fehlenden Überprüfungsmöglichkeit bemängelt. Die Strategien, die vom Grafen O zur Bekräftigung der Authentizität gewählt werden, sind es, die die Erzählung des Sizilianers diskreditieren. Darüber hinaus unterschlägt er die wichtige Information der Herkunft des Ringes, verwickelt sich in Widersprüche, als der Prinz mehr wissen möchte.[399]

Die Übergabe seiner eigenen Erzählerinstanz an den Baron F rechtfertigt der Graf mit der Begründung, dass er nun kein Augenzeuge mehr sein könne. Auch Civitella will als Augenzeuge eine Romanze zwischen zwei Personen, die möglicherweise den Armenier und die Griechin bezeichnen, gewesen sein.[400]

Vor allem in der Parallele zwischen der Erzählung des Sizilianers und des Gesamttextes zerstört Schiller die Fiktion der Wahrhaftigkeit.

4.2.1.3. Fragmentarischer Charakter

Der fragmentarische Charakter fantastischer Texte könnte hier nicht leichter erkennbar sein, ist Schillers Werk doch tatsächlich

---

[396] http://gutenberg.spiegel.de/schiller/geisters/geist009.htm
[397] http://gutenberg.spiegel.de/schiller/geisters/geist001.htm
[398] http://gutenberg.spiegel.de/schiller/geisters/geist006.htm
[399] http://gutenberg.spiegel.de/schiller/geisters/geist007.htm
[400] http://gutenberg.spiegel.de/schiller/geisters/geist015.htm

unvollendet geblieben. Begründet hatte er diesen Umstand mit mangelndem Interesse. Ein näherer Blick auf die Einzelteile zeigt jedoch, dass das Fragmentarische geradezu Struktur stiftend wirkt. Die Aufzeichnungen des Grafen brechen abrupt ab, als dieser wohl aufgrund der Intrige zur Abreise gezwungen ist; die Beichte des Sizilianers lässt Fragen offen; genauso unvollendet bleibt die Beobachtung der vermeintlich Liebenden durch den Marchese; die Briefe des Barons brechen gelegentlich an entscheidenden Stellen ab, bzw. erreichen gar nicht erst ihren Empfänger, und damit den Leser. Schuld wird auch hier der Intrige gegeben. Überhaupt bleibt der Briefwechsel einseitig, denn der Graf kommentiert diesen nur gelegentlich, seine Antworten bleiben dem Leser vorenthalten. Das Fragmentarische unterstreicht nun den Spielcharakter der Fantastik in seinem Appell an die Imagination des Lesers, ist jedoch auch ein stilistisches Mittel, um sich etwa wie Harter betont, von der harmonischen Holität eines realistischen Romans zu distanzieren.[401] In diesem Sinne ist es eine Abwendung auf die Möglichkeit der mimetischen Abbildung von Leben in der Literatur.

4.2.2. Die Einzeltexte

4.2.2.1. Strukturelle Organisation

Die beiden Erzählungen E.T.A. Hoffmanns, sowie „La Chevelure" von Guy de Maupassant zeichnen sich durch eine explizite Rahmenstruktur aus, die übrigen Werke eher durch eine implizite. Weiter wird die Struktur durch die Einwebung von Binnenerzählungen oder sich wiederholender Versatzstücke bestimmt, deren pandeterministischer Bezug zum Gesamttext sich erst durch die Lektüre des Gesamttextes erschließt.

Bei Hoffmanns „Die Abenteuer der Silvesternacht" stellt das „Vorwort des Herausgebers"[402] und die abschließende Hinwendung des Reisenden Enthusiasten an diesen eine narrative Umklammerung dar; in Form eines allgemeinen Gesprächs, das schließlich ins Besondere der Haupterzählung mündet, nähert sich die erzählerische Einfassung in „Das Öde Haus"[403] dem serapionistischen Prinzip. „La Chevelure" besteht aus einer Rahmenhandlung, dem Besuch des Erzählers in einer Nerven-

---

[401] Harter, 4
[402] Hoffmann, „Die Abenteuer der Silvesternacht", 316
[403] Hoffmann, „Das Öde Haus", 165-167

heilanstalt, und dem Hauptstrang in Form des Tagebuchs eines Insassen. Poe stellt insofern eine ähnliche Struktur auf, als er im ersten Absatz der Erzählung „Metzengerstein" gewissermaßen ein Abstraktum der eigentlichen Erzählung liefert,[404] bei Maupassants „Le Horla" fasst die Beschreibung des Elternhauses den Plot ein: Am Ende der Tagebuchaufzeichnung steht er vor den Trümmern seines Hauses,[405] das er zu Beginn noch als ein Objekt seiner Liebe dargestellt hatte.[406] Das von Freund postulierte Gefühl der „Unbehaustheit" bewahrheitet sich buchstäblich.[407]

Alle diese Rahmenstrukturen wirken sich nun auf die Zeitpräsentation aus, genau wie wir es in Schillers Werk gesehen haben. Der Rahmen stellt die erste Zeitdimension auf, die naturgemäß, da es sich um abgeschlossene Werke handelt, in der Vergangenheit liegt und leitet über zu einem Bericht, der dazu im temporären Verhältnis einer Vorvergangenheit steht. Einen Sonderfall stellt hier Maupassants Werk „La Chevelure" dar, indem die Reaktion des Erzählers auf die Berührung des Haarbündels nicht geklärt, also nicht abgeschlossen wird.

Der Rahmen schafft also schon einen gewissen Pandeterminismus, in dem das Ende mehr oder weniger deutlich bereits angelegt ist. Dieser prägt sich noch deutlicher im Zusammenspiel von Binnenerzählungen und Gesamttext aus, sowohl auf struktureller Ebene, häufig stellen die Binnenerzählungen genauso fantastische Erzählungen dar wie das Gesamtwerk, als auch auf inhaltlicher, durch ein ganz ähnliches Geschehen.

In Hoffmanns Text „Das Öde Haus" finden wir verschiedene Binnenerzählungen, etwa im Hinweis auf das Ammenmärchen.[408] Es stellt nun insofern eine fantastische Erzählung im Sinne Stifflers dar, als es vom Einbruch des Übernatürlichen, das Monster im Spiegel, dominiert wird; die strukturelle Organisation wird aus der Einbettung in das Gesamtwerk deutlich, beide scheinen von Spiegelzauber zu handeln. Pandeterminismus und Glaubhaftigkeit stellen sich in der Erfüllung der von der Amme gemachten Voraussage dar; hier ist auch der Bedingung von Textkürze und Handlungsarmut genüge getan; die

---

[404] Poe, 672
[405] Cogny, 97
[406] ebd, 59
[407] Freund, 14
[408] Hoffmann, „Das Öde Haus", 180

Ungewissheit des Protagonisten gegenüber dem Geschehen drückt sich nun darin aus, dass nicht geklärt wird, ob Theodor nun tatsächlich ein Monster im Spiegel gesehen hat oder an überhitzter Fantasie leidet. Damit entspricht diese Binnenerzählung nun auch dem Modell Todorovs. Eine inhaltliche Parallele stellt sich in der anscheinend magischen Rolle der Spiegel dar. Weitere Binnenerzählungen finden wir etwa in der Erzählung des Gastes auf der Abendgesellschaft[409] oder in der von Dr. K übermittelten Lebensgeschichte der Gräfin.[410]

Hoffmanns zweites hier zu untersuchendes Werk ist noch einleuchtender von einer Binnen- Gesamttext Struktur geprägt, indem wir die Erlebnisse des Erasmus Spikher als eine solche Binnenerzählung[411] begreifen können, aber auch als die eigentliche Haupthandlung, wobei die Erlebnisse des Reisenden Enthusiasten den Rahmen bilden; Parallelen sind in struktureller Hinsicht etwa die Tagebuchform, Spikher hat offensichtlich seine Lebensbeichte verfasst, die nun vom Reisenden Enthusiasten übermittelt wird; auf die inhaltlichen Entsprechungen muss nicht mehr hingewiesen werden.

Maupassant schlägt zur Schaffung des Pandeterminismus einen Mittelweg ein zwischen Binnenerzählungen und Versatzstükken, die auf das ungute Ende des Erzählers hinweisen. Ein Beispiel dafür stellt sein Besuch des Mont Saint Michels dar, bei dem der Erzähler nun wieder mit einer genuin fantastischen Geschichte, der Legende vom Watthirten, konfrontiert wird.[412] Im Verlauf des Tagebuchs greift der Autor die dort gewonnene Erkenntnis von der Beschränktheit menschlicher Sinne immer wieder auf.

Mit die Zukunft andeutenden Versatzstücken arbeitet der Autor in „La Chevelure", was sich in den Formulierungen des Tagebuchautors zeigt, etwa wenn er behauptet: „l'amour est venu me trouver d'une incroyable manière."[413] Genauso handelt Poe mit seinem direkten Hinweis auf das übernatürliche Geschehen

---

[409] Hoffmann, ebd, 189f
[410] ebd, 195-200
[411] Hoffmann, „Die Abenteuer der Silvesternacht", 331-349
[412] Cogny, 68
[413] http://maupassant.free.fr/cadre.php?page=oeuvre
Übersetzung nach Abret, Vax: „Die Liebe hat mich auf eine unglaubhafte Weise heimgesucht." 73

in Form der Metempsychose oder die Bewahrheitung der Prophezeiung.[414]

Diese strukturellen Abstimmungen haben nun insofern einen Bezug zur Dimension von fremdem Leben und fremder Kunst, als es einen solchen Pandeterminismus im echten Leben nicht gibt. Die Zweifel und der Misskredit, die sich etwa bei Theodors Ammenmärchen einstellen, kann man getrost auf die Gesamttexte übertragen, womit ihr Kunstcharakter angedeutet wird.

4.2.2.2. Wahrhaftigkeitsanspruch

Der wohl für die Kunst-Leben Dichotomie bedeutendste Aspekt ist der in der Fantastik grundsätzlich postulierte Wahrhaftigkeitsanspruch. Die hier untersuchten Autoren verfolgen dieses Ziel mit einer Vielzahl von Methoden, wie der Ich-Erzählung häufig in Form eines Tagebuchs, der Berufung auf Kenntnis des Geschehens als Augenzeuge, der Einbeziehung realistischer Details, oder der Beglaubigung durch die Wissenschaft.[415] Dieser Punkt ist wesentlich, denn „eine unglaubwürdige Gespenstergeschichte ist vergeudete Zeit".[416] Dasselbe gilt natürlich für die fantastische Erzählung an sich.

Alle Werke von Maupassant und Hoffmann stellen fiktive Tagebücher dar, häufig sogar in einer Doppelperspektive. Theodor erzählt die Ereignisse im Zusammenhang mit dem öden Haus anhand seiner Notizen.[417] Im Vorwort zu „Die Abenteuer der Silvesternacht" kündigt der Herausgeber, Hoffmann, eine weitere Passage aus dem Tagebuch des Reisenden Enthusiasten an, in dessen Postskript sich dieser seinerseits an Hoffmann wendet.[418] Eine Dopplung finden wir in der Veröffentlichung und Integration der Lebensbeichte des Erasmus Spikher in die eigene Aufzeichnung des Reisenden Enthusiasten. Ebenso zweidimensional stellt sich das Tagebuch in Maupassants „La Chevelure" dar: Die Rahmenhandlung wird aus der Perspektive des Besuchers in Ich-Form verfasst, der die Tagebuchaufzeichnung des Insassen liest und wiedergibt. Das unmittelbarste und realistischste Beispiel für ein fiktives Tagebuch ist die

---

[414] Poe, 672
[415] Penning, 203f
[416] Wilpert, 42
[417] Hoffmann, „Das Öde Haus", 167
[418] Hoffmann, „Die Abenteuer der Silvesternacht", 349

Erzählung „Le Horla"; während die anderen Aufzeichnungen von ihren Autoren rückblickend synthetisch und vor allem bei Hoffmann eher episch verfasst sind, wirkt dieses Tagebuch lebensnäher durch die genaue Festsetzung von Daten, und den weitgehenden Verzicht von epischen Schilderungen, wie sie sich etwa in der wörtlichen Rede zeigen. Eine Ausnahme bildet die Episode des mesmeristischen Experiments.[419] Das Schwergewicht wird in Maupassants Texten auf die unvermittelte Darstellung des Innenlebens gelegt.

Die Fantastik greift in der Tagebuchform eine literarische Beglaubigungsstrategie des eigentlich realistisch intendierten Romans auf, die vor allem im 18. Jahrhundert benutzt wurde, wie etwa in Daniel Defoes „Robinson Crusoe" oder im Briefroman wie Choderlos de Laclos „Gefährliche Liebschaften".[420]

Als Chronisten des eigenen Lebens präsentieren sich die Protagonisten immer wieder als Augenzeugen des unerhörten, da übernatürlichen Geschehens. Doch können sie oft ihren eigenen Augen nicht trauen, ihre Wahrnehmung ist getrübt; darauf macht der Passant Theodor aufmerksam;[421] obgleich der Tagebuchautor beschwören kann, die sichtbaren Aktivitäten des Horla wiederholt bemerkt zu haben, schließt er die Möglichkeit einer Halluzination nicht aus. Der Insasse der Nervenheilanstalt will seine tote Geliebte nicht nur gefühlt sondern auch gesehen haben, wie aus der Beschreibung ihres Äußeren deutlich wird; die Aussage des einfältigen Stallburschen, der bei den Ausritten seines Herrn einen Ausdruck des Entsetzens in dessen Gesicht festgestellt haben will, zieht der Erzähler in Zweifel.[422]

Im Zusammenhang von Hoffmann spricht man auch von dessen Salonrealismus,[423] der sich in den zu untersuchenden Werken zeigt in der Benennung realer Persönlichkeiten wie etwa dem Fürsten Pückler. Darüber hinaus unterstreichen die nur teilweise chiffrierten Straßennamen Berlins den Charakter des Faktischen. Bei Maupassant finden wir das Aufgreifen realisti-

---

[419] Cogny, 74- 80
[420] Goulemot, Jean Marie: „Neue literarische Formen. Die Veröffentlichung des Privaten." In: Ariès, Philippe; Duby, Georges (Hg): „Geschichte des Privaten Lebens. Von der Renaissance zur Aufklärung." Bd. 3, S. Fischer, Frankfurt a. M., 1995. 392
[421] Hoffmann, „Das Öde Haus", 197
[422] Poe, 677
[423] Tap, 109

scher Details in der Beschreibung des Mont Saint Michel oder den Gedanken zum Nationalfeiertag, bzw. in dem auch laienhaften Interesse an Geisteskrankheiten, das im ausgehenden 19. Jahrhundert nicht ungewöhnlich war.

Eine wichtige Rolle in den Beglaubigungsstrategien spielt die Berufung auf die Wissenschaft, meist in der Person eines Arztes, aber auch in einem generellen Bezug auf den zeitgenössischen Diskurs. Dr. K bestätigt den Besorgnis erregenden Zustand Theodors und zeigt sich optimistisch; auf der Abendgesellschaft erfährt Theodor die wahre Natur dieses Zustandes als mesmeristisch induzierte Fernattacke, das Gespräch greift mit Hinweisen auf Kluge und Schubert durchaus gängige Theorien der Zeit auf. Der Held aus „Le Horla" erhält durch die Medizin, allen voran Dr. Parent, oder durch wissenschaftliche Lektüre wichtige Hinweise, die er auf seinen eigenen Zustand bezieht, er greift das evolutionäre Gedankengut Charles Darwins auf. Eines der Hauptthemen dieses Werk ist die Infragestellung des zeitgenössischen Positivismus, auf dessen Mangel ihn vor allem der Mönch aufmerksam macht. Trotz aller Zweifel an der generellen Gültigkeit dieser Prämisse, geht auch der Held positivistisch vor, indem er die Existenz seines unsichtbaren Mitbewohners experimentell nachweist.[424] Der zweite Maupassant'sche Protagonist befindet sich in einer Nervenheilanstalt unter ärztlicher Aufsicht. Allerdings kommt dem Arzt hier eine umgekehrte Funktion zu, er diskreditiert das Geschehen um den Insassen als Einbildung. Auch in Poes Erzählung gibt der Arzt seine Diagnose ab: Den Zustand Friedrichs führt er auf Vererbung und geistige Krankheit zurück, akzeptierte Theorien, auch er diskreditiert damit das magische Geschehen. Bei Poe entspricht dem positivistischen Beweis eine Liste von Indizien, die den übernatürlichen Charakter des Pferdes nahe legt. Auffallend ist bei Poe die Erzählerinstanz. Anders als bei den übrigen Werken handelt es sich bei „Metzengerstein" nicht um ein fingiertes Tagebuch oder eine Ich-Erzählung. Der Erzähler meldet sich selbst lediglich kommentierend zu Wort, an dem Geschehen nimmt er keinen Anteil, er zieht es gar in Zweifel, wie die Aussage des Stallburschen oder den Sinn der zweideutigen Prophezeiung.[425]

---

[424] Cogny, 71
[425] Poe, 673

Diese Beglaubigungsstrategien unterstreichen den experimentellen Spielcharakter fantastischer Fiktion. Hier sind die Behauptungen Harters von Bedeutung. Sie versteht Fantastik nicht so sehr als Gegensatz zum realistischen Roman, vielmehr als Ergänzung. Während sich der Roman auf die Abbildung der äußeren Wirklichkeit konzentriert, kann man in der Darstellung von Gefühl und Gedanken in der Fantastik einen inneren Realismus erkennen. Die Wahrhaftigkeitsbezeugungen, die vor allem im 18. Jahrhundert wichtiger Bestandteil der Romanliteratur waren, werden hier aufgegriffen, um den Kunstcharakter des eigenen Werkes zu transzendieren. Schließlich wird die Illusion von Abbildung immer wieder gebrochen. Dies ist vor allem bei Poe der Fall. Bei der Erzählung „Metzengerstein" wird besonders deutlich, dass er mit einer literarischen Konvention spielt. Sind die übrigen Plots im zeitgenössischen Hier und Jetzt angelehnt, transportiert er das Geschehen ins Ungarn einer vage skizzierten Zeit, was eine Überprüfbarkeit völlig unmöglich macht. Was Brian Attebery für die Erzählung „The Fall of the House of Usher" festsetzt, gilt auch für das hier untersuchte Werk: „House and landscape clearly belong to anohter dimension, set apart from earthly things (especially Americn things) by antiquity and inherited evil."[426] Dies widerspricht klar den übrigen Beglaubigungsstrategien, etwa der positivistisch geführten Liste, die das Pferd eindeutig in Zusammenhang mit dem Übernatürlichen setzt.

4.2.2.3. Fragmentarität

Als einen weiteren das Fantastische in struktureller Hinsicht konstituierenden Punkt stellt Muriel Stifler „a sense of openness"[427] heraus, den Harter als das Fragmentarische beschreibt. Diese Unabgeschlossenheit stellt sich auf vielfältige Art in den Texten dar, zunächst tragen sie als Gesamtwerk einen fragmentarischen Charakter, was sich oft durch die Form des Tagebuchs erklärt; aber auch in der Zurückhaltung von Informationen, in der Verschweigung oder Chiffrierung von Orts- und Personennamen; darüber hinaus bleiben Fragen ungeklärt; all

---

[426] Attebery, Brian: „The Fantasy Tradition in American Literature From Irving to Le Guin". Indiana University Press, Bloomington, 1980. 38
Übersetzung: Haus und Landschaft gehören eindeutig einer anderen Dimension an, die sich durch Alter und ererbtes Übel absetzt vom Irdischen (besonders vom Amerikanischen).
[427] Stiffler, 15

diese Punkte spiegeln sich gegebenenfalls in den Binnenerzählungen wieder.

Den fragmentarischen Charakter fordert die Figur des Erzählers im Rahmen zu „Das Öde Haus", indem er eine Geschichte zum Besten gibt, in der sich das Wunderliche, das Unwahrscheinliche, mit dem Wunderbaren vermischt, also dem völlig Unerklärlichen, das Fragen offen lässt.[428] Die Notwendigkeit der fragmentarischen Form schreibt Hoffmann geradezu fest in seiner Novellensammlung „Die Serapionsbrüder". Darin heißt es an einer Stelle, dass dem Erzähler nichts „mehr zuwider [sei], als wenn in einer Erzählung, in einem Roman der Boden, auf dem sich die phantastische Welt bewegt hat, zuletzt mit dem historischen Besen so rein gekehrt wird, dass auch kein Körnchen, kein Stäubchen bleibt, wenn man so ganz abgefunden nach Hause geht, dass man gar keine Sehnsucht empfindet noch einmal hinter die Gardinen zu kucken."[429]

Der Tagebuchform ist das Fragmentarische nun insofern inhärent, als es sich ja jeweils lediglich um Auszüge handelt. Hoffmanns Vorrede suggeriert, dass eins von vielen Erlebnissen des Reisenden Enthusiasten zum Besten gegeben wird. Auch im Titel des Protagonisten als „Reisendem Enthusiasten" ist Unabgeschlossenheit angelegt; indem sich dieser stets auf einer Reise befindet, bleiben die Geschehnisse Episode. Als Herausgeber der Memoiren des Erasmus Spikher ist er selektiv vorgegangen, wie etwa die Erwähnung lediglich eines seiner Abenteuer als Mann ohne Spiegelbild belegt,[430] also erfahren wir auch hier nicht die ganze Wahrheit. Die Eintragungen des Helden aus „Le Horla" beginnen scheinbar völlig unvermittelt, erst aus dem Zeitungsbericht wird der Zusammenhang zwischen der Ankunft des südamerikanischen Dampfschiffes, die im ersten Eintrag beschrieben wird, und seinem Zustand ersichtlich.[431]

Bei Hoffmann tragen Protagonisten wie Randfiguren häufig keine vollständigen Namen, von Theodor kennen wir lediglich den Taufnahmen, die Namen realer Personen werden chiffriert wiedergegeben, mit Dr. K. bezeichnet der Autor seinen Freund, den führenden Mesmeristen Preußens Koreff, auch Graf Pück-

---

[428] Hoffmann, „Das Öde Haus", 167
[429] Tap, 110
[430] Hoffmann, „Die Abenteuer der Silvesternacht", 342
[431] Cogny, 89

ler tritt auf, was den Authentizitätscharakter gerade durch den Versuch der Vertuschung unterstreicht. Auffallend ist, dass in „Die Abenteuer der Silvesternacht" die eindeutig fiktiven Personen, die ganz bewusst unrealistisch dargestellt werden, Erasmus Spikher etwa in seinem Mantel, in dem sich viele Gesichter zu spiegeln scheinen, allein vollständige Namen tragen. Dasselbe ist bei Maupassant in „Le Horla" der Fall, wo Nebenfiguren wie die Cousine, Mme Sablé, und Dr. Parent benannt sind. Seine Hauptakteure bleiben hingegen gänzlich namenlos, so auch die tote Geliebte in „La Chevelure". In einem krassen Gegensatz dazu steht Poe: Im Zentrum der Erzählung „Metzengerstein" steht der Untergang einer Adelssippe, die hauptsächlich durch ihren Namen ausgewiesen wird.

All diese Strategien des Verschweigens rücken das Geschehen in einen allgemeineren Kontext; die Autoren suggerieren damit, dass so etwas jedermann widerfahren könne.

In allen Erzählungen bleiben Fragen offen, der Text stimuliert damit die Imagination des Lesers über die Lektüre hinaus. In „Das Öde Haus" bleibt die Identität Erdmondes im Dunkeln, wir erfahren nicht, wessen Tochter sie tatsächlich ist; über die Frage, wie es der alten Gräfin gelungen ist, ihr Spiegelbild mit dem Theodors zu ersetzen, lässt sich ebenfalls nur spekulieren, genauso wie im Falle des Erasmus Spikher, der auf der Suche nach seinem Spiegelbild bleibt. Bei Maupassant bleibt die Unschlüssigkeit, die diese Erzählungen als genuin fantastisch im Sinne Todorovs definiert, über das Textende hinaus erhalten. Ob es sich bei der Haarlocke um einen magischen Gegenstand handelt, oder der Erzähler der Rahmenhandlung einen ähnlichen nekrophilen Hang wie der Tagebuchautor hegt, bleibt dahin gestellt; genauso wenig erfahren die Leser, ob der Held aus „Le Horla" unter einem unsichtbaren Wesen oder einer anstekkenden Krankheit leidet. Im Falle der Erzählung „Metzengerstein" finden wir insofern eine Unschlüssigkeit und offenen Fragen, als der Erzähler, der bei den Erklärungen, die ein magisches Geschehen in Betracht ziehen, sich diskreditierend eingeschaltet hat, angesichts des eigentlichen Geschehens, Metzengersteins Flammentod, jedoch stumm bleibt.

Insgesamt spiegelt sich der Charakter des Fragmentarischen in den Einzelnen Episoden der Texte wieder, besonders deutlich sicherlich in dem Werk „Das Öde Haus", wo bereits in der

Einleitung der fragmentarische Charakter unterstrichen wird: Durch den Eintritt des Nachbarn und weiterer Kunden wird die Unterhaltung Theodors mit dem Konditor unterbrochen,[432] der Passant verlässt ihn ohne weiter auf seine Fragen einzugehen,[433] die Klärung weiterer Einzelheiten bei der Erzählung des Gastes auf der Abendgesellschaft wartet Theodor erst gar nicht ab.[434] Nur die zufällige Bekanntschaft mit der Nichte, bzw. Tochter, der Gräfin veranlasst ihn, sich bei Dr. K über weitere, wenn auch nicht vollständige Einzelheiten zu informieren. In Maupassants Erzählung „La Chevelure" schlägt sich die Fragmentarität des Gesamttextes in der pars-pro-toto-artigen Beschreibung der Frauen nieder, aber auch in dem nur teilweise zitierten Gedicht Villons.

Das Fragmentarische bietet eine Sonderform der Beglaubigungsstrategie. Im Gegensatz zum realistischen Roman stellt Harters Meinung nach das Fantastische Facetten des Seins dar. Auf die ergänzende Beziehung zwischen Roman und Fantastik ist bereits hingewiesen worden.

4.2.2.4. Funktion und Motivation

Die hier erörterten strukturellen Eigenheiten fantastischer Literatur klassifizieren die Werke in ihrer Infragestellung der Möglichkeit mimetischer Kunst. Bei allen Autoren schlägt sich ein Spielcharakter durch, der seine Motivation sicherlich in der romantischen Ironie findet. Der Künstler hat die Macht, sein eigenes Werk auch wieder zu demontieren. Besonders eindringlich zeigt sich dieser Zerstörungswille in Poes Text. Er benutzt die Beglaubigungsstrategien, wie den Hinweis auf die Meinung des Arztes, geradezu um das Geschehen wieder unglaubwürdig zu machen. Der Erzähler spielt einen höchst widersprüchlichen Part. Bei Maupassant hingegen bleibt der Authentizitätsanspruch uneingeschränkt bestehen.

---

[432] Hoffmann, „Das Öde Haus", 175
[433] ebd, 182
[434] ebd, 190

Schluss

Wie die vorangegangene Untersuchung gezeigt hat, birgt das Fremde viele Gesichter, deren einziges gemeinsames Merkmal sicherlich ihre Bedrohlichkeit ist. Der Schrecken kann aus der Vergangenheit kommen, indem sich lang überwunden geglaubte, als Aberglaube verleumdete Ideen als wahr erweisen. Er kann aber auch im Hier und Jetzt einer „entzauberten" Welt lauern: Hält eine allgemein erkannte wissenschaftliche Wahrheit wirklich jedem Beweis stand? Wissen - und Wissenschaft - sind Macht, die sich bekanntlich missbrauchen lässt. Dass Menschen einander bedrohen können, hat sicherlich nicht erst die Fantastik klar gemacht, aber dass ein Individuum sich selbst fremd und bedrohlich erscheinen kann, schon eher. Ein Adelsgeschlecht, dessen Machtanspruch auf der übernatürlichen Quelle des Gottesgnadentums beruht, kommt auf übernatürliche Art zum Erlöschen. Selbst die Kunst kann bedrohlich werden, spiegelt sie uns doch eine falsche Welt vor. Wir haben gesehen, dass das Verwischen der Grenze zwischen Kunst und Leben in die Nervenheilanstalt führen kann.

Ein Text, der alle von mir postulierten Dimensionen des Fremden berührt ist E.T.A. Hoffmanns „Das Öde Haus". Das Magische, als überwunden geglaubtes Parameter, schreibt sich in der Unerklärbarkeit des Spiegelbildtauschs von Theodors Gegnerin fest. Sie ist jedoch auch Trägerin des Neuen, indem sie, wenn auch unwissentlich, die angeblich immer schon existente, jedoch erst kürzlich entdeckte mesmerische Kraft missbräuchlich einsetzt. Als Frau hat sie sich die Unterjochung eines Mannes zum Ziel gesetzt. Die Gefühle, die sie bei Theodor auslöst, er will sie einer verwunschenen Prinzessin gleich aus den Klauen eines magischen Hüters befreien, gehen ins Romanesk-Märchenhafte.

Eine Dimension, die sämtliche Texte durchzieht, ist die Divergenz zwischen Kunst und Leben. Schließlich sind alle Werke Kunstprodukte. Da diese Texte nun von Menschen handeln, wundert es nicht, dass der Ich-Fremdheit ein zentraler Stellenwert zukommt.

Doch gibt es noch weitere Dimensionen, die sich hier hätten untersuchen lassen. Von historischem Interesse wäre sicherlich die Erforschung eines fremdkulturellen Aspektes gewesen. Das

19. Jahrhundert als Epoche mit sehr deutlichem nationalistischem Hang hat in der Literatur häufig andere Kulturen dämonisiert. An weitere Dimensionen lässt sich denken, wie etwa der Divergenz zwischen Innen und Außen, zwischen Wildnis und Zivilisation. Letzteres manifestiert sich besonders deutlich in Poes Seegeschichten.

Den hier und da geäußerten Vorwurf an die Literaturwissenschaft, dass sie die Fantastik vernachlässige, kann ich nicht im mindesten teilen, wohl aber muss ich bemängeln, dass einige der von mir untersuchten Dimensionen sehr gründlich dokumentiert sind, andere hingegen nahezu überhaupt nicht. Da Literatur Ausdruck menschlichen Empfindens ist, und auch solches auslöst, wundert die Nähe zur Psychologie keineswegs. Siegmund Freud hat sich intensiv mit dem Seelenleben verschiedener, vor allem fantastischer Literaten beschäftigt. Umgekehrt gehen nun viele Literaturwissenschaftler in ihren Analysen des fremden Ich psychologisch vor. Aufgrund der aktuellen Tendenz in der Geisteswissenschaft zu Gender Studies erfreut sich die Thematik des fremden, weiblichen, Du eines großen Echos. Gegenstand der Literaturwissenschaft sind Texte vergangener Epochen, folglich wird der historische Hintergrund in vielen Arbeiten erörtert. Beim Thema Mesmerismus fällt auf, dass er vor allem wegen seiner psychologischen Implikationen behandelt wird, unter den Tisch fällt häufig jedoch die Praxis, bzw. die Plausibilität des Geschehens. In der Sekundärliteratur fast gar nicht erörtert wird hingegen der Zusammenhang zwischen Magie und Fantastik. Die konkrete Konsistenz des Übernatürlichen findet, wenn überhaupt dann nur am Rande Erwähnung. Dasselbe gilt für die Adelsproblematik, die sicherlich für marxistisch orientierte Literaturwissenschaftler ein lohnendes Feld gewesen wäre.

Da ich mich sehr stark für die Einbettung eines Werkes in seine Entstehungsgeschichte interessiere, deren Durchleuchtung oft erst ein Textverständnis auf inhaltlicher Ebene bietet, finde ich die zeitliche Dimension von Fremdheit besonders wichtig. Ich hoffe nun, dass ich klar machen konnte, dass die Natur des Fremden und damit des Fantastischen stark ihrem jeweiligen zeitlichen Kontext verpflichtet ist.

Anhang

Literaturangaben

Primärwerke

Hoffmann, Ernst Theodor Amadeus: „Hoffmann, E.T.A.: „Das Öde Haus". In: derselbe: „Nachtstücke.Seltsame Leiden eines Theaterdirektors". Aufbau-Verlag, Berlin. 165-201

Hoffmann, Ernst Theodor Amadeus: „Die Abenteuer der Silvesternacht". In: derselbe: Fantasiestücke in Callots Manier". Aufbau-Verlag, Berlin. 317-349

Maupassant, Guy de: „La Chevelure". Zitiert nach: http://maupassant.free.fr/cadre.php?page=oeuvre

Maupassant, Guy de: „Le Horla". In: Cogny, Pierre: „Le Maupassant du ,Horla'". Minard, Paris, 1970. 59-98.

Poe, Edgar Allan: „The Complete Tales and Poems of Edgar Allan Poe", Penguin Books, London, 1982. 672-678.

Schiller, Friedrich: „Der Geisterseher." Zitiert nach: http://gutenberg.spiegel.de/schiller/geisters/001-021

Übersetzungen:

Maupassant, Guy de: „Das Haar." In: Abret, Helga; Vax, Louis (Hg): „Der König mit der Goldmaske. Und andere phantastische Erzählungen aus Frankreich". Suhrkamp, Frankfurt a. M, 1985. 72-79.

Maupassant, Guy de: „Der Horla". In: Schneider, Rolf: „Das schöne Grauen". Hermann Scharfstein Verlag, Dortmund, 1978. 147-171.

Poe, Edgar Allan: „Metzengerstein." In: Fink-Henseler, Roland W. (Hg): „Erzählungen. Phantastische Fahrten, Geschichten des Grauens und Detektivgeschichten." Gondrom, Bindlach, 1997. 24-33.

Sekundärwerke:

Achilles, Jochen: „Sheridan LeFanu und die schauerromantische Tradition." Gunter Narr Verlag, Tübingen, 1991.

Asche, Susanne: „Die Liebe, der Tod und das Ich im Spiegel der Kunst. Die Funktion des Weiblichen in Schriften der Frühromantik und im erzählerischen Werk E.T.A. Hoffmanns." Anton Hain Verlag, Königstein, 1985.

Attebery, Brian: „The Fantasy Tradition in American Literature From Irving to Le Guin". Indiana University Press, Bloomington, 1980.

Bancquart, Marie-Claire: „Maupassant. Conteur Fantastique". Minard, Paris, 1976.

Barkhoff, Jürgen: „Magnetische Fiktionen. Literarisierung des Mesmerismus in der Romantik." Metzler, Stuttgart, 1995.

Blankenburg, Martin: „Der ‚thierische Magnetismus' in Deutschland." In: Darnton, Robert: „Der Mesmerismus und Das Ende der Aufklärung in Frankreich." Carl Hanser Verlag, München, 1983. (191-219)

Castex, Pierre-Georges : „Le Conte Fantastique en France de Nodier à Maupassant". Corti, Paris, 1951.

Christow, Swantje: „Der Lilith-Mythos in der Literatur. Der Wandel des Frauenbildes im literarischen Schaffen des 19. und 20. Jahrhunderts." Shaker, Aachen, 1998.

Cobb, Palmer: „The Influence of E.T.A. Hoffmann on the tales of Edgar Allan Poe." The University Press, Chapel Hill, 1908.

Cronin, John D.: „Die Gestalt der Geliebten in den poetischen Werken E.T.A. Hoffmanns". Dissertation der Universität Bonn, Bonn, 1967.

Darnton, Robert: „Der Mesmerismus und Das Ende der Aufklärung in Frankreich." Carl Hanser Verlag, München, 1983.

Freund, Winfried: „Literarische Phantastik. Die phantastische Novelle von Tieck bis Storm." Kohlhammer, Stuttgart, 1990.

Gerlach, Walter: „Fortschritte der Naturwissenschaften im 19. Jahrhundert". In: Mann, Golo: „Propyläen Weltgeschichte. Das 19. Jahrhundert." Band 8, Frankfurt a. M., 1986.

Götting, Ronald: „E.T.A. Hoffmann und Italien." Peter Lang, Frankfurt a. M., 1992.

Goulemot, Jean Marie: „Neue literarische Formen. Die Veröffentlichung des Privaten." In: Ariès, Philippe; Duby, Georges (Hg): „Geschichte des Privaten Lebens. Von der Renaissance zur Aufklärung." Bd. 3, S. Fischer, Frankfurt a. M., 1995. (371-403)

Harter, Deborah A.: „Bodies in Pieces. Fantastic Narrative and the Poetics of the Fragment." Stanford University Press, Stanford, 1996.

Hildenbrock, Aglaja: „Das andere Ich. Künstlicher Mensch und Doppelgänger in der deutsch- und englischsprachigen Literatur." Staufenburg, Tübingen, 1986

Kollak, Ingrid: „Literatur und Hypnose. Der Mesmerismus und sein Einfluss auf die Literatur des 19. Jahrhunderts." Campus, Frankfurt a. M., 1997.

Kristeva, Julia: „Fremde sind wir uns selbst". Suhrkamp, Frankfurt a. M., 1990.

Lemonnier, Léon: „Edgar Allan Poe et les conteurs francais." Paris, 1947.

Martynkewicz, Wolfgang: „Edgar Allan Poe." Hamburg, 2003.

Menning, Dieter: „Der Begriff der Überwirklichkeit. Nerval, Maupassant, Breton." In: Thomsen, Christian W.; Fischer, Jens Malte (Hg): „Phantastik in Literatur und Kunst." Wissenschaftliche Buchgesellschaft, Darmstadt, 1980. (201-212)

Ressmeyer, Karl Heinz: „Interreiur und Symbol. Zum Phantastischen im Werk E. A. Poes." In: Thomsen, Christian W.; Fischer, Jens Malte (Hg): „Phantastik in Literatur und Kunst." Wissenschaftliche Buchgesellschaft, Darmstadt, 1980. (151-164)

Reuel, Fritz: „Maupassant als Physiognomiker." Dissertationsschrift, Marburg an der Lahn, 1916.

Schnackertz, Hermann Josef: „E. A. Poe und die Wissenschaften seiner Zeit." Eichstätt, 1999.

Singelin, Martin: „Mikroskopie der Psyche. Andreas Mayer sucht das Unbewusste Freuds im Hypnose-Labor". In: Frankfurter Allgemeine Zeitung, 17.01.2003, Nr. 14, S. 36

Stackelberg, Lorenz Freiherr von: „Die deutsche Gespenstergeschichte in der Zeit der Spätaufklärung und der Romantik. (1787-1820)." Dissertation, München, 1982.

Stiffler, Muriel: „The German Ghost Story as a Genre." Peter Lang Publishing, New York, 1993.

Tap, Patricia: „E.T.A. Hoffmann und die Faszination romantischer Medizin." Dissertationsschrift, Düsseldorf, 1996.

Todorov, Tzvetan: „Einführung in die fantastische Literatur". Hanser, München, 1972.

Wilpert, Gero von: „Die Deutsche Gespenstergeschichte. Motiv-Form-Entwicklung." Stuttgart, Körner, 1994.

Zusätzliche Quellen aus dem Internet:

Zu Freud:
> http://www.in-output.de/AKE/akeFreud.html

Zu Poe:
> http://www.abacci.com/books/book.asp?bookID=1336
> http://users.ipfw.edu/hume/poemesmeric.htm
> zu Adel:
> http://www.adelsrecht.de/Lexikon/A/Ahnenprobe-/ahnenprobe.html
> Zu Maupassant:
> http://www.bautz.de/bbkl/m/maupassant_h_r_a.shtml

Zu Romantik:
> http://www.puk.de/turjalei/romantik.htm

Zu Ariost:
> http://www.kirjasto.sci.fi/ariosto.htm

Zu Tasso:
> http://www.kirjasto.sci.fi/ttasso.htm

Zu Doppelgäger:
> www.ruhr-uni-bochum.de/komparatistik-/downloads/ergebnisse_doppelgaenger.doc -